La otra cara de la cocina by RiverSac
Copyright © Julián Rivera 2021 All rights reserved
Kindle Direct Publishing
Paperback edition 2019

ISBN: 9798749660487

JULIÁN RIVERA

La otra cara de la cocina by RiverSac

Con cariño para
todos aquellos que continuamos
luchando por nuestros
sueños.

PRÓLOGO

Empecé a dar clases de química para gastrónomos hace ya más de 11 años. Para mi carrera profesional era una buena oportunidad tener este tipo de experiencia. La primera vez que entré a un aula con estos alumnos me di cuenta que estábamos en mundos diferentes, ellos no veían la química como yo, mis colegas o mis otros alumnos dedicados a ciencias de la salud, no, ellos veían a la química como algo inentendible.

Dedique horas enteras a tratar de entender su mundo, acercándome a los más interesados, a los que no les daba miedo aprender química y más aún, a los que si les interesaba la materia. Yo, fui maestra de Julián, el escritor de este libro, lo conocí muy joven cuando usando sus chistes, junto con su acento característico del lugar que lo vio crecer, me hacía toda clase de preguntas que yo contestaba de la mejor manera posible, ¿cómo no resolver las dudas de un joven tan avispado y con ganas de aprender?; a través del tiempo vi como aquel muchachito se convirtió en un profesionista por no decir profesional, recuerdo muy bien el que un día me platicó su sueño y hoy veo con gusto que después de esforzarse mucho, lo hizo realidad.

Al dedicarse en Healthy Café, -su sueño logrado-, a la alimentación saludable, lo convierte en un chef con años de experiencia en una correcta alimentación, al no utilizar alimentos procesados y al entender que el uso nulo de aditivos alimentarios, ayudará a ese tipo de alimentación, aunque para llegar a esta decisión ha leído, ha estudiado y ha aprendido. No es solo lo que escucha, sino que busca la información correcta de fuentes verídicas. No se deja llevar por tendencias, él si está seguro de lo que produce y oferta.

Pero también, el libro te habla del amor a la cocina, de la importancia que debemos darle a la comida y como las personas demostramos amor a una persona a través del cocinar. El escrito también nos hace reflexionar acerca de cómo nos alimentamos y alimentamos a nuestros hijos y por qué lo hacemos. La forma en que comemos para bien o para mal nos afectará o nos ayudará, pero también a nuestros seres queridos. Julián nos invita a reflexionar y a ser conscientes de la forma en que alimentamos nuestro cuerpo, a querernos más.

Cuando comiences a leer el libro querido lector, no pienses en que leerás algo vano, algo para pasar el rato, leerás un libro de experiencias, amor a los alimentos, pero más aún de motivación. En algunos párrafos te hará pensar que te habla directamente a ti y sí, el libro nos habla a todos, porque si, hay que comer para vivir, pero para vivir bien, estar sanos y disfrutar la vida

El libro está escrito con un lenguaje coloquial, sin rebuscamientos, habla de lo que es la vida de un joven cocinero o chef, como los llamamos hoy en día, debido a una incorporación de esta palabra de lengua francesa a nuestro idioma.

Refleja también la complicada labor de un cocinero. En mi trayectoria trabajando con alumnos de gastronomía he podido acercarme y comprender y palpar el amor que tienen muchos de ellos, podría decir la mayoría, a su trabajo. Y como es, en muchos casos menospreciado, de alguna u otra forma parecido al trabajo mal pagado y desmerecido de un agricultor. Tanto uno como el otro hacen una ardua labor, debemos apreciarlos y aplaudirlos.

Pocos se atreverán a hablar de este difícil camino qué es ser cocinero. Julián lo hace sin pararse a pensar si ofende a alguien, si alguien no está de acuerdo con el o no comulga con su pensamiento. El es un joven cocinero, honesto, lleno de ganas de trabajar, de demostrar de lo que es capaz.

Al avanzar en la lectura de este libro, conforme lo leo, escucho su voz, el relato de algo que ha vivido y que vive día con día. En cada párrafo, en cada situación expuesta está expresando su forma de ser, sus pensamientos, las circunstancias que ha vivido, su vida. El mismo se describe como una persona hambrienta de conocimiento y sí, eso es exactamente, tal como se percibe.

Al pasar las hojas se ve la limpieza de su alma, un joven como cualquier otro que tiene problemas y que lucha por seguir adelante, que entiende que a veces la vida da, pero que también a veces quita.

Excelente lectura no solo para chefs, no solo para jóvenes, todos podemos sentirnos identificados con sus vivencias. Así, como Julián ha disfrutado la vida, podemos disfrutarla todos nosotros.

Lo conocí siendo un muchacho de escasos 19 años, con sueños y metas, de mil maneras inocente, abierto al conocimiento, capaz de comerse al mundo y así sigue siendo.

Espero querido lector que la experiencia de la lectura te lleve a entender como es un joven cocinero, un joven chef Veracruzano que luchó por su sueño y lo logró.

¡Adelante Julián comete al mundo y sigue adelante!, y ustedes apreciables lectores prueben un poquito del fabuloso mundo saludable de Julián, no se arrepentirán.

¡Y que vengan más sueños cumplidos!

Q. Alicia del Pilar Silva Zamora. Maestra en Desarrollo sustentable.
Orgullosa ex maestra de Julián Rivera Sacramento.

INTRODUCCIÓN

Déjame dejarte en claro, acerca de lo que NO es este libro. No es un recetario, no es una caja de herramientas para vivir tu vida al máximo, no es una guía para saber cómo hacer más productivas tus mañanas, ni tampoco, es un manual de supervivencia a la vida.

Tampoco es un libro infantil que puede ser leído por cualquiera. Por infantil no me refiero a la edad. Me refiero a la falta de apertura para conocer puntos de vista diferente, sin hacer tanto escándalo.

Este libro te puede incomodar, y eso está bien, ese ha sido uno de sus objetivos por el cual fue escrito. Es un libro que quiere confrontarte. Que te haga cuestionarte, que te haga pensar. Pensar en lo que quieras, pero que pienses.

Un libro con el que puedas estar de acuerdo o no. Que te haga tener tus propios criterios. Que conozcas de viva voz, sin lenguajes tan rebuscados, experiencias personales que te puedan servir de ejemplo, para que no cometas o repitas errores o, para que cambies o te plantees acerca de lo que piensas.

No es un libro que contenga verdades absolutas, pero sí puntos de vista del lado en el que tal vez nadie se pondría a pensarlo.

Un libro elaborado con mucho amor, que no es escrito por un escritor profesional. Es elaborado por una persona que al igual que tú, está pasando por un chingo de cosas, pero que está consciente que, aún con todas esas cosas, se puede sonreír y trabajar, por ver los sueños lograrse.

Porque hay sueños, por los que vale la pena despertar.

DEDICATORIA ESPECIAL

A lo largo de nuestra vida, nos encontraremos con momentos y personas que hacen que nuestra vida cambie, puede ser para bien o para mal. En mi caso, fue para algo favorable. Aunque digas que en ti, no ha sucedido eso, tal vez es porque no te has dado un tiempo para ti, en el que puedas agradecer todo aquello que te ha tocado vivir, sea que lo hayas buscado o no.

Y este capítulo quiero dedicarlo a esa persona, como forma de mi eterno agradecimiento.

De la persona que les voy a compartir, fue la que me inició en todo este mundo de lo saludable, ya que, en mis inicios siendo un cocinero inexperto, novato, que se quería comer el mundo de un solo bocado y que soñaba con ideas utópicas, no hallaba hacia qué dirección enfocarme o dirigirme. Realmente el mundo de la gastronomía es algo tan extenso y versátil, que sería muy complicado y estresante, querer abarcar absolutamente todo. Decir que un cocinero se puede catalogar de talla internacional, para mí en lo personal, me hace mucho ruido, ya que, para querer abarcar algo externo, primero tienes que conocer tus raíces. Las comidas de manera en general de tu país, después la de tu estado donde radicas, y profundizar por las características locales o regionales que se encuentran en cada estado. Entonces para mí, es muy complicado que alguien se sienta internacional y que se la sabe de todas, porque, como lo explico, es algo muy extenso.

Cuando en aquellos momentos de catarsis que se me presentaban a inicios de la carrera, la gran duda que me surgía era, hacia qué área me iba a enfocar. Mientras más me iba adentrando y conociendo el mundo de la gastronomía, más cosas me gustaban, más preparaciones me llamaban la atención, más técnicas buscaba perfeccionar y dedicarme de lleno a eso. Aunque no tenía muy claro, cuál era mi inclinación, lo que sí tenía seguro era que, me proponía a ser un chingón en eso, sea cual fuese lo que eligiera.

Cuando conocí a esta persona, fue un parteaguas en mi vida, ya que, a lo que hoy me dedico, creo que nunca pasó por mi mente hacerlo, y si estaba en mi mente, tal vez ocupaba de los últimos lugares y por eso no le prestaba atención. El conocer y aprender de la pasión que ella me compartía cuando dialogábamos, acerca de cuidar a las personas por medio de la alimentación, fue algo que me fue interesando y llamando mucho la atención.

Ella, al ser una persona preparada, apasionada y muy inteligente en lo que se dedica, me hacía, prepararme y estar en constante capacitación y aprendizaje para dar el ancho para cuando me invitó a laborar con ella.

Así es, de esto, ya algunos años han pasado. Y puedo decir, que sí no fuera por ella, muchas de las cosas que hoy laboro o en las que me enfoco, no existirían, de no haberla conocido.

Así que, en este capítulo, sólo me queda agradecer a esta persona con un corazón sincero, por todo el apoyo que me ha brindado y confianza puesta, en muchos proyectos y retos que hoy en día, se han vuelto parte de mi vida.

Gracias por animarme cuando no podía más, y por bajarme cuando estaba perdiendo el piso. Aunque no diga tu nombre ni apellido, tú sabes claramente, quien eres, y que, de no ser por ella, estimado lector, no estaríamos compartiendo juntos, lo que aquí lees.

> *"El agradecimiento, es la memoria del corazón"*

APRENDE

Uno de los grandes problemas que existe, no sólo en las cocinas, sino de manera en general es, la falta de respeto entre los compañeros laborales. Un claro ejemplo por mencionar, es la eterna batalla que siempre se verá disputada entre cocineros y meseros.

Los cocineros mandando al carajo a los meseros que quieren todo rápido, y los cocineros recibiendo mentadas de madres del mesero que busca que los cocineros entiendan, que esa presión que les meten, es por la presión que les fijan los clientes a ellos. En fin, ese es uno de tantos problemas que se suscitan en las cocinas.

La falta de respeto y de no entender el trabajo del otro, hace que en ese barco (ejemplificándolo) nos hundamos todos. A veces se piensa que una cocina es como un barco pirata, lo que dice el capitán (Chef), se hace y ¡ya! Y hasta cierto punto, coincido en eso. La otra parte en la que no coincido, es que, como capitán, debes de entender que, en ese barco, por muy grande o pequeño que sea, no se mantendrá a flote sin una tripulación que ayude. Algunos lo entendemos, y otros de plano, no lo quieren entender.

Me asombro de las nuevas generaciones (de cocineros) que llegan a perder un poco el enfoque. La cocina es cruel, es cruda, insensible, pero que, a su vez, es hermosa, inspira y emociona. Un lugar donde el respeto te lo ganas con tus habilidades, conocimientos y experiencia, y no por un título o papelito que te hayan dado. Tendrás que ganar tu lugar en cada estación y demostrar de lo que estás hecho.

Para que se entienda mejor, vamos a presentar un escenario donde se presentan dos situaciones dentro de la estadía de algún integrante nuevo en la cocina:

La primera es que entiendas, que, si se te da una instrucción, la debes de realizar, de la mejor manera y en el menor tiempo posible. Demostrar de qué eres capaz y, que si de plano, no eres apto para eso, se te mandará al rincón a pelar papas o a limpiar cebollas, eso es lo más productivo que puedes hacer en esa cocina. Y eso no es discriminación. Simplemente que, no se pondrá al frente a alguien que puede afectar el rendimiento del restaurant. Si algo sale mal, no se le puede poner como excusa al comensal diciendo: "es que lo preparó el chico nuevo, una disculpa". No. La responsabilidad recae en el jefe a cargo, y sencillo, para evitar esos problemas, mejor, no los busco y te hago a un lado.

La segunda es que, siempre existirá la dualidad. Si realizas algo bien, por supuesto que te voy a felicitar. Pero si haces las cosas mal, te llamaré la atención. Y a veces, con el calor, la presión del tiempo encima, comensales con hambre exigiendo su pedido y con todo lo demás, es tal vez, sólo tal vez, un poco brusca o tosca, la llamada de atención. Y tenlo bien presente. NO TE LO TOMES PERSONAL. Te pueden mandar a la chingada, o humillarte de una manera espantosa, pero que, al término del turno, seguiremos siendo colegas como si no hubiera pasado nada. Ya depende de ti, que vayas entendiendo, cómo funciona este ambiente de la cocina.

Estos puntos los explico, para que se entienda, el por qué hablo, de que se está perdiendo el enfoque (y no sólo en la cocina). Se exigen tantos derechos y se busca luchar por ellos, pero se olvida que también se tienen deberes y responsabilidades que se deben de acatar.

La lucha por los derechos, es algo por lo que aplaudo y me uno, pero hay cosas que de plano, pueden dar risa (por lo absurdo). Uno de ellos es de los chicos nuevos que quieren exigir el derecho por estar al frente de la línea, cuando no se tiene la habilidad ni la experiencia para realizar a cabo dicha actividad. No se puede exigir ese derecho, porque no se cumple con una normativa para el puesto, y eso no quiere decir que se violen sus derechos o se le esté discriminando. Es como si un ciego, se pusiera a pelear su derecho por conducir, ya que el gobierno le ha negado el permiso para conducir, y él lo manifieste como una violación a sus derechos. ¿Entiendes a lo que me refiero?

Entre todos estos temas que te he mencionado, existe uno (que en lo personal) es el más importante. La tolerancia entre colegas. Retomando el ejemplo del barco, vemos que en la tripulación tenemos de todo un poco, desde el que cree, hasta el que no cree, de alguna nacionalidad o de otra, de un carácter, de un carisma, de una historia de vida, completamente diferente a la nuestra. Y que el respeto por el otro, comienza desde comprender, cómo viene mi colega al turno. Tal vez está pasándola mal, y no quiere bromear por este día. Tal vez tuvo una mala noche y por eso está desconcentrado. Muchas situaciones pueden presentarse, tal vez infinitas, porque recuerda algo, estás trabajando junto a personas, no son máquinas. Y estas personas tienen todo un mundo y una revolución en su cabeza.
Por eso, madurar como persona, implica en, poder hablar con una persona, que tal vez coincida en algunas partes o que también, puede pensar totalmente diferente, y puedas tener un diálogo o una charla de lo más amena, sin buscar el convencer en creer lo que el otro cree. Realmente, muchas de las problemáticas que se nos presentan, se podrían resolver, con un poco más de madurez, a la hora de respetar a otro ser humano. Dejar de pensar que todo es discriminación, y entender, que mi libertad termina cuando afecto a otro.

¿Te imaginas que todos pensáramos lo mismo? Que ABURRIDO. Creo que la diversificación es lo que le da ese sabor rico e interesante, a esto que llamamos, vida.

"La cocina es cruel, es cruda, insensible, pero que, a su vez, es hermosa, inspira y emociona."

BANQUETES DEL COCINERO

Tal vez te has preguntado acerca de ¿qué es lo que comen aquellos chefs que cocinan en la tele o que tienen sus restaurantes famosos y galardonados con "n" cantidad de premios? Pensarás que son comidas de dioses, con ingredientes que nunca has visto o que tienen toda una alacena repleta de ingredientes listos para usarse. Bueno, iremos por partes.
Todos estos chefs que observas en la tele, la gran mayoría (no digo que todos, porque hay cada cosa, que entre colegas pierden todo su respeto y credibilidad entre la camaradería), ha forjado ese puesto, por talento, años de experiencia, pero coincido con muchos (y razón principal), que, la disciplina es la madre que hace diferenciar de un cocinero, de "el" cocinero (si logras entender la diferencia ente "un" y "el", felicidades, estás creciendo, y vas por buen camino).

Esos chefs famosos, más que la emoción de aparecer en televisión o revistas, o que la gente los reconozca en la calle, es el respeto que se gana con colegas que admiramos su trayectoria, aportaciones y trabajos constantes en cierta área de la gastronomía o fuera de ella. Ellos al tener cierto status (por así decirlo) o cierta solvencia económica, pueden gozar de un tiempo más libre y deslindar actividades para con sus subordinados.

La siguiente línea, es en la que se encuentra ese cocinero apasionado que va iniciando, que se quiere comer al mundo y que parece una esponja por querer aprender todo lo que pueda, aunque esto implique el que no goce de un buen sueldo o tenga que estar horas indefinidas de pie en el trabajo. Estos cocineros, muchas veces gozan de servir emocionados, entregando en cada platillo, su tiempo, esmero y todo el cariño (así siempre debería de ser) que puedan colocarle. Ellos podrán servir una cena elegante para un evento masivo de 500 personas, con menús de 5 tiempos, dando un total de 2,500 platos servidos en un día, como también, atender en una reunión privada a un máximo de 20 a 30 personas.

Después de la ajetreada rutina laboral, mientras unos están en la sobremesa o tal vez, están a punto de retirarse a sus viviendas, otros nos encontramos lavando, recogiendo, tallando, en fin, un dejar impecable la cocina, antes de poder decir, que el turno ha terminado.

Ahora dirás ¿qué van a comer? Bueno, la realidad es que estos personajes de los que hablo, lo que menos quieren es llegar a su casa a prepararse una cena, donde, tendrá que preparar los ingredientes, cocinar, comer y después recoger y limpiar todo antes de irse a dormir. Y es que literal, a veces podemos comer lo que tenemos en el refri, calentarlo en el microondas y consumirlo así sin más. Y te preguntarás, ¿por qué?

Imagina que en el restaurant se cierra a las 10:00pm, si tu eres de esos hijos de puta que piensa que si llega 09:55pm, todavía está a tiempo, te voy a explicar algo. Si en un establecimiento se deja de dar servicio a las 10:00pm, es porque a las 10:00pm se comenzará a limpiar la cocina, una cocina en la que se ha trabajado durante todo el día, y que también, se van a tener que fregar pisos, paredes, checar faltantes, guardar ingredientes, recoger basura, acomodar trastes, en fin, una larga lista de tareas que se deben de realizar, para que la cocine esté libre de cualquier invitado no deseado. Todo esto nos da como resultado el terminar de recoger entre una, a una hora y media. Este cocinero en lo que llega a su casa o cuarto donde renta, le darán la media noche. Todo cansado, madreado de los pies, con manos y rostro quemados, con heridas y cortes que no logran secar y cicatrizar.

¡Ves porqué a veces llega a consumir lo primero que encuentra en el refrigerador!

Y también, explicándote un poco acerca de los tiempos en las actividades que suceden tras bambalinas, aún piensas tú, bestia enferma que, por un puto minuto de llegar antes del cierre, te da todo el derecho de exigir a que se te atienda, te has ganado un lugar privilegiado entre aquellos que prestamos servicios.

Los buenos cocineros, sin problema, trabajamos los pedidos, aún pese a ir refunfuñando o estar odiando a ese cliente, atenderemos de manera normal el pedido, como los profesionales que somos.

Sólo como dato, por si se te llega a pasar alguna información que aquí te menciono, recuerda que la imprudencia de algunas personas, hace que se retrase a todo un personal, que lo único que busca es ir a descansar a sus casas, pero que no puede, por la irresponsabilidad del cliente que los tiene atados por llegar tarde a solicitar su pedido, que, aunque está a tiempo, la falta de empatía no le permitirá llegar a ver un poco más allá de sí mismo. Ese tiempo que gastamos atendiendo ese pedido, deseamos invertirlo con nuestras familias. Porque si no lo sabías, también tenemos vida y familia, fuera de nuestra área de trabajo.

> *"La puntualidad, es el respeto por el tiempo ajeno."*

¿COMERÍAS ESO?

Cuando uno se mete en este maravilloso mundo (de la gastronomía), se puede leer extraño, pero uno mismo se va complicando las cosas. Te vas capacitando cada vez más, investigas más y quieres obtener la mayor información posible de cualquier tema.

Ya no es sólo servir una comida que tenga buen sabor. No. Comienzas a investigar los ingredientes, la historia de esos ingredientes, la historia de ese platillo, los componentes, la parte nutricional, los procesos químicos que utilizaste (muchas veces sin que te des cuenta), en fin. Hay una palabra de un gran amigo que me dejó impactado y que la escuché por primera vez en boca de él.

"Amigo mío, un buen cocinero debe de ser una persona VERSADA." Durante la charla sólo asentí con la cabeza, aunque realmente en mi interior, no tenía idea de qué era. Así que me dediqué a investigar para saber qué era. Una vez teniendo esa información, tenía ahora que ver, en qué se relacionaba con los cocineros.

Una persona versada, es una persona que es muy instruida en una materia o que tiene muchos conocimientos sobre ella. Cuando entendí el significado, pensé: "es que un cocinero debe de ser así." Como proveedor de alimentos que somos, debemos de conocer un poco de todo, en todos los aspectos. Te voy a poner un ejemplo.

Podemos tener a un judío sentado en nuestra mesa, a un italiano, o una persona que lleva una dieta "Kosher", y debemos de tener el conocimiento para que, cada una de estas personas, se vayan contentos de nuestro establecimiento.

Mientras más ahondas en este abanico de posibilidades que se nos presenta a los cocineros, buscas apoyarte de las demás disciplinas, para concretar a veces, los ingredientes de una región, los aspectos culturales de la zona, o que tal, los ingredientes que se utilizaban hasta antes del descubrimiento de América, los banquetes que antes se daban, qué utensilios ocupaban y las tecnologías que se fueron implementando dentro del ámbito culinario.

Además de todo esto, podemos ir aprendiendo de las culturas de diferentes lugares. Tal vez lo que nosotros consumimos y cómo lo consumimos, en otros lugares, ni siquiera pasa por la cabeza, y pasa de manera contraria en otros países. Tal vez para nosotros no sea concebible el consumir perros, pero nosotros consumimos res, cuando en otros lugares, esta es considerada sagrada. Nosotros consumimos insectos, y en otros lugares, ni pensarlo. O que tal, el mezclar cebolla, con chiles, chocolate, especias y 20 ingredientes más, para obtener nuestra salsa por excelencia, como lo es, el mole.

Así que la próxima vez que te inviten a degustar un platillo, o veas en alguna serie, película o leas en algún libro o revista, alguna preparación extraña, fuera de lo "común", recuerda que, del otro lado, pueden estar diciendo lo mismo, de tus preparaciones.

> *"Amigo mío, un buen cocinero debe de ser una persona versada."*
> Con cariño recordando al autor de la frase, Teacher Willy, un abrazo hasta el cielo.

¿CUÁL ES TU COMIDA FAVORITA?

A lo largo de mi carrera, he tenido conversaciones o preguntas que me hacen a menudo, en especial cuando conozco a gente nueva. Entiendo que no se hace con mala intención o con el afán de molestar, pero que, sí llegan a caer en cierta similitud y, que estoy seguro que, podrán compartir lo que aquí escribo.

Nunca me ha gustado utilizar a lo que me dedico, como algo para ser exaltado o me abra la entrada a ciertos lugares o posiciones (en algunas ocasiones te mete hasta la cocina). Realmente comunico que soy chef, porque me lo preguntan, y es así, como comienzo a compartir un poco acerca de mi pasión. Al ser una profesión algo extensa y con un abanico laboral en donde el límite sólo será nuestra imaginación, se hacen las preguntas generales, buscando tomar de la parte general, a transformarlo y sintetizarlo en algo en particular.

¿Cuál es tu comida favorita?

Cuando les comparto que no tengo una comida favorita, existen dos tipos de personas. Los que ya no preguntan nada, porque piensan que uno es mamón o chocoso que no quiere responder (en ocasiones depende de la situación, a veces de lo que menos queremos hablar, es de trabajo) y, los que les intriga que, cómo alguien que se dedica a la gastronomía, no tenga un platillo que sobresalga de los demás.

Así es, no tengo un platillo favorito. Lo que sí tengo, son momentos favoritos, y te lo iré explicando poco a poco para que estemos en sintonía.

Creo firmemente que, no tenemos platillos favoritos. Repito, no tenemos platillos favoritos. Te preguntarás ¿por qué?

Bueno, creo que la comida es una de las cuestiones más hermosas y complejas que existe. Ya que, al primer contacto que tenemos con el platillo, dentro de nosotros se ponen a trabajar todos los sentidos y, también, nuestros recuerdos, haciendo que, un "simple" platillo, se vuelva en toda una experiencia multisensorial.

Todo lo que hemos disfrutado y conocemos en cuestión de alimentos, se debe a nuestra historia de vida. Y es por eso que, de acuerdo a nuestras experiencias, es que, tendremos nuestros momentos favoritos. Te voy a explicar a qué me refiero.

Una de las comidas que más disfruto son las enchiladas verdes. Pensarás que cómo unas simples enchiladas verdes, pueden sobresalir. Veamos. Durante mi vida (y hasta la fecha) en la fecha de mi cumpleaños, mi señora madre, es el platillo que me prepara con mucho cariño en el día de mi festejo. Por eso cada vez que degusto unas enchiladas verdes, del lugar que sea, las disfruto mucho, porque me recuerdan a ese momento, que, aunque esté fuera de casa, o no sea la fecha de mi cumpleaños, me hacen sentir muy bien y feliz.

Otro de mis platillos favoritos, es una tortilla echada a mano de gran tamaño, la cual le llamamos en la familia "papayona", que la preparaba la abuela a los nietos. Regresar del campo, después de una mañana laboral, tomar una "papayona" recién salidita del comal, rellenarla con queso fresco y una salsita martajada en molcajete de chile chilpaya, tomate y cebolla tostada al comal, hacerla taquito y degustarla, son sabores que no sé cómo compartirlo, pero que sé, que se los están imaginando y disfrutando tanto como conmigo mientras escribo esto.

Cada vez que tengo la oportunidad de disfrutar de una tortilla echada a mano, mi corazón se alegra, y me hace recordar a aquellos momentos con los abuelos en su casa, con el calor de la mesa alimentada por el cariño de toda la familia.

Así como hay platillos que nos encantan, también hay, los que no tanto, y esto puede ser un ingrediente, un platillo, o hasta alguna compañía. A la persona que no le gusta el café, tal vez sea porque le recuerda aquella situación en la que su pareja decidió dar por terminada su relación con él o ella, y esa era la bebida que tomaban en ese momento. Entonces el problema NO es el café, sino lo que le hace recordar o situar en el tiempo, el café.

A mí, por ejemplo, tenía un pleito con el epazote. En mi niñez, recuerdo a mi abuela y a mi madre, darnos una infusión de epazote bien cargado, esto para desparasitarnos (funcione o no, eso nos daban). Esto ocasionó que le tuviera un asco al epazote con sólo verlo. Cuando fui creciendo, descubrí el poder que tiene esta hierba en los caldos. Y ahora no lo puedo dejar de usar en mi cocina, y lo llamo, el amo y señor de los caldos. El detalle no era el epazote, fue mi mal encuentro que tuve con él. Pero con el paso del tiempo, ese encuentro tuvo su arreglo y ahora nos llevamos muy bien.

Lo maravilloso de todo esto, es que podemos seguir manteniendo vivos, todos esos recuerdos, que, si nos ponemos a analizar, nos ponen una sonrisa en el rostro y, nos alegran el día, o caso contrario, depende del recuerdo o lo que estemos comiendo.

Eso es lo que ocasiona la comida en mí (y en ti también). Yo he ido descubriendo qué me gusta y qué no me gusta. Cuáles pueden ser de los favoritos, o de los que no gustan tanto, pero que no sólo se queda uno en el platillo o el sabor, sino, en todo lo que hay detrás de ese platillo, la familia, una persona, un tiempo, una fecha, ALGO, siempre va a haber algo que nos haga querer un platillo más que otros. Y estoy seguro, que cuando los descubras, o tengas conciencia de ellos, dejarás de decir que tu platillo favorito es, sino que dirás, mis momentos favoritos son. Y buscarás el revivirlos y disfrutarlos de una manera consciente.

Porque, sabes, creo también, que la comida, es mero pretexto para disfrutar con la familia. Y aunque el tiempo pase, y algunos ya no estén y tengamos que aprender a amarlos de una manera diferente, la comida va a ser, aquella bisagra o parteaguas, del encuentro de algo nuevo, o para revivir, algo viejo.

> *"La comida va a ser, aquella bisagra o parteaguas, del encuentro con algo nuevo, o para revivir, algo viejo"*

ESTE CAPÍTULO ES DEDICADO PARA TI

No sé si te ha pasado (espero que sí), acerca de aquellos momentos en los que, ya no podemos más. Carajo, las cosas se tornan difícil y empiezan a aparecer obstáculos que le suman una cereza al pastel. Súmale que, en tu familia o con tu pareja, le comentas y externas acerca del cómo te sientes, y lo único que recibes como respuesta, es que, de exagerado e inmaduro no te bajan. Te dicen que las cosas tienes que tomarlas de frente. Que al toro hay que tomarlo por los cuernos y que no es el momento ni el tiempo de hacerse la víctima o estarse lamentando.

¿Te suena familiar?

Y es que a veces no es que no quieras continuarle, o que te rajes y te eches para atrás. También necesitamos un pinche abrazo, unas palmadas de ánimo, unas palabras de aliento o carajo, sólo sentirse apoyado sin que te estés pendejeando (ya la vida se encarga de eso). No estoy diciendo que uno se quiera hacer la víctima o que sea uno inmaduro. A lo largo de la vida, he ido aprendiendo que es válido sentirse así, y que no está mal. Qué si eres como yo, bastarán unos momentos para darle vuelta a la página y afrontar el problema o la situación de frente y, seguir adelante.

¿Por qué te digo esto?

Porque al igual que a ti, he tenido la fortuna (o des fortuna) de laborar y compartir con personas que son una mierda. Unos jefes que son unos hijos de puta y compañeros que sólo están buscando el momento para cagarte todo lo que haces.
Desde pequeño he sido un joven que, las actividades que le gustan o le interesan, le pone la máxima atención. Y a lo que no, aunque no sea de su agrado, lo realiza. Pero ningún trabajo deja botado.

En un verano, me encontré con personajes (que hasta la fecha los recuerdo como alguien a quien no quiero ser) muy "carismáticos". Compañeros que se molestaban, porque al momento de limpiar la cocina, la actividad que a ellos les tomaba 2 horas, a mí me tomaba 30 minutos (y no es porque yo sea Flash o súper veloz), esto era porque consumían más tiempo del debido. Me han enseñado a hacer las cosas bien y rápido, y eso fue lo que hice. La molestia de mis compañeros era que los patrones se iban a dar cuenta que las actividades de 2 horas, con 30 minutos se podían realizar. Entonces, al tener 1 hora y media disponible, los iban a poner a hacer otras actividades. Ves por qué te digo que son "carismáticos".

Otra situación, en ese mismo verano, me ocurrió con uno de los encargados. En esta cocina la chef no estaba presente, sólo hacía sus rondines esporádicamente en la cocina, no probaba nada, sólo buscaba algo para comer y tomar, e inmediatamente se regresaba a su computador a continuar jugando solitario en la versión spider, esto lo digo, porque de buena fuente conozco que eso era lo que hacía, yo la vi. El encargado (que para no quemarlo lo mencionaremos como Xoloscuintle, de cariño "XOLO") era una persona malhumorada, envidiosa y que no permitía que alguien supiera o empezara a demostrar tener mejores cualidades que él.

Siempre he sido una persona hambrienta de conocimiento, que no se queda con dudas y que siempre está leyendo acerca de muchos temas. Al Xolo le molestaba que, alguna indicación que me daba, yo la realizara de otra manera. Y no es porque yo sea un rebelde o no le guste seguir indicaciones, sino más bien era porque, yo sabía que el resultado iba a ser el incorrecto, entonces claramente, yo lo hacía a como mi conocimiento me daba. En varias ocasiones le comentaba que la indicación que me daba, el resultado iba a salir mal (varias veces fue así, y como ya se imaginarán, la culpa era mía, jamás de él). Este era mi día a día con este pintoresco personaje. Para no hacer esta historia tan larga, te platicaré un momento en el que las cosas comenzaron a tornarse diferente.

El pinche Xolo, me puso a limpiar los 2 refrigeradores de la cocina. Para mí, eso no es problema, lo realizo sin problemas. Lo que me molestó fue que, una vez de haber limpiado los refrigeradores, me pidió que cambiara las cosas del refrigerador 1 al 2, y viceversa. Cuando le pregunté que por qué se debía hacer eso, si había alguna explicación acorde a la indicación que había dado, sólo me respondió teniendo en su rostro un ceño fruncido y una sonrisa burlona, "por mis huevos". Al escuchar tan excelente tono en que me lo dijo, sólo asentí con la cabeza y sin decir una sola palabra, realicé la actividad que me había indicado.

Cuando terminé la indicación, me acerqué al Xolo para preguntarle la actividad siguiente, la sorpresa de él fue que, pensaba que iba a estar molesto, al contrario, recibió una cachetada con guante blanco, porque yo continué con mis actividades gustosamente. Claro, en mi mente lo mandé a chingar a su madre bastantes veces, pero externamente nada de eso se mostraba. Al final, cuando terminé mi contrato de verano, al despedirme del equipo, cuando fue el turno de decirle adiós al Xolo, sucedió algo interesante, que hasta la fecha lo conservo en mi mente. Estiró la mano, como queriendo saludar, yo respondí estirando mi mano, me apretó mi mano con la suya con fuerza, pero sin llegar a lastimarme y me dijo, "eres bueno para los madrazos, mis respetos", y en su rostro podía ver una sinceridad y unos ojos de aprobación que no te puedo describir, pero que se manifiestan como cuando pensabas que algo nunca iba a suceder, y de pronto, sucede.

Fue tan raro el momento y las palabras para mí, que lo único que pude realizar, fue con mi cara perpleja decirle: "gracias".

Cómo estos ejemplos que te muestro, sé que tú también tienes los tuyos, y que de una u otra manera, nos han ido forjando a lo largo del camino. Estoy orgulloso de todo lo que has ido realizando, entiendo perfectamente tu rabia ante ese jefe o compañeros culeros, y que, uno quisiera pagarles con la misma moneda, pero no podemos, nuestro corazoncito de pollo, no nos deja ser igual de mierda que ellos, y eso, está bien. Que no seamos igual a ellos. Eso es lo que nos distingue. Gente mierda, ya hay mucha, no hay que sumarle una más, al contrario, tenemos que restarle a esa lista. Tú y yo, podemos (debemos) hacer la diferencia.

"Gente mierda, ya hay mucha, no hay que sumarse a ser uno más de esa lista"

LA INCONGRUENCIA EN SU MÁXIMA EXPRESIÓN.

Quiero que me respondas con sinceridad, al siguiente planteamiento que te hago:
¿Qué piensas acerca de que, afuera de las instalaciones de algún centro de rehabilitación para tratar a personas con problemas relacionados con la ingesta desmedida de bebidas alcohólicas, se estén vendiendo u ofreciendo, bebidas alcohólicas?
La pregunta parece una paradoja con unos toques de ironía, así que la respuesta te la dejo a tu criterio.

Para mí, se me hace absurdo y hasta una burla, para las personas que se están tratando algún padecimiento, adicción o enfermedad, ¿por qué? Porque en lugar de presentar alguna alternativa para salir adelante, se presentan estos lugares que, lo único que harán, es que vuelvan a caer en ese problema.
Te preguntarás ¿y esto que tiene que ver con la alimentación? Bueno, tiene que ver, y mucho.

En la mayoría (o casi en su totalidad) de los hospitales públicos o centros de salud, se observan puestos o negocios que se dedican a ofrecer alimentos. El detalle NO es que vendan alimentos, repito, ese no es el detalle. La cuestión a tratar, es acerca del tipo de alimentos que ofrecen.
Suena atrevido el regalar alguna golosina a una persona que padece diabetes, de manera "inocente", a sabiendas de que conocemos todo el daño que le puede ocasionar. O que tal, a un familiar que está en la lucha por dejar el maldito vicio del tabaquismo, se le regalen cajetillas de cigarros. Si fuera en mi caso, me llegaría a molestar que eso sea el regalo.

Soy sincero, y a veces esta sinceridad me ha llevado a tener ciertos problemas con las personas, a claro, no por la manera en que lo digo, sino que cuando me piden mi opinión o doy mi punto de vista, lo que digo, causa mucho ruido, porque no digo lo que esperan o quisieran escuchar. Soy una persona que padece una enfermedad llamada hipertiroidismo, y que es, en la actualidad, padecimiento que me sigo tratando.

De las ocasiones que me ha tocado visitar el hospital para ir a mi chequeo, he observado infinidad de personas de la tercera edad, en una larga espera por ser atendidos. La cuestión no es la falta de equipo o de personal (eso es otro tema), es acerca de cómo llegan a estar en la sala de espera. Personas que están en tratamiento para el control de sus niveles de azúcar, están en la sala, acompañadas en una mano de un refresco negro sabor cola, o de algún otro sabor. O que tal, que el desayuno para personas con cirrosis, presión elevada o que padecen de un problema gastrointestinal, sean antojitos. Esto lo menciono, por poner algunos ejemplos que me ha tocado observar.

Sonará crudo, pero la verdad, una persona que durante toda su vida nunca se cuidó ni tantito en su alimentación, cómo se atreve a exigir que sea atendido con protagonismo después de 60 años de no hacerlo. Les comparto que, cuando me buscan para ayudar a una persona que ya se encuentra mal (por cuestión del pasar de los años), uno busca ayudar y siempre voy a hacer, lo que esté en mis manos para ofrecer el apoyo, pero en mi mente estoy pensando: "si nunca se cuidó el abuelito o abuelita, al cambiarle sus hábitos de manera drástica, sólo hará que ande amargado, quejumbroso y de mal humor. Mejor denle lo que quiera y que disfrute lo que le resta de vida, pero que viva contento y comiendo lo que quiere." Sé que es duro al leer esto, pero es la verdad.

Y es que este problema, no sólo se basa en la parte de salud, sino que es un arrastrar hasta en la parte económica. ¿No me crees?, te explico. Durante el día, se pueden atender a "n" cantidad de pacientes en los hospitales. Hay personas que realmente lo necesitan, por cuestiones personales, accidentes, alguna circunstancia, en fin, por algo; y está el otro lado de la moneda, que son personas que les vale madre, y no se cuidan, no siguen su tratamiento o que sólo van obligados. Ese lugar que está ocupando esta persona, tiene un costo (sí, un costo, lo pagamos con nuestros impuestos, nada es gratis, nada) si no se va a cuidar, mejor que no vaya y conceda ese lugar a alguna persona que realmente quiere cuidarse y salir adelante. Creo que ese tipo de actitud es de una persona egoísta que, aunque le den el tratamiento (muchas veces gratis), no lo realiza y mejor prefiere que se eche a perder.

La excusa que se llega a colocar acerca de los establecimientos de comida que se encuentran afuera de los hospitales, es que, es por nuestra cultura. Déjenme decirles algo, la cultura nos puede influir, pero jamás determinar. Entonces, el que se haya tenido malos hábitos en la familia, eso no quiere decir que tengamos que continuarlos. En nosotros está, el cortar con esa mala cadena que no nos está llevando a algo bueno.

Te pongo un ejemplo para que quede más claro lo que te hablo.

En una familia, el padre es una persona con problemas de alcohol y que cuando está pasado de copas, es agresivo y golpea a su esposa, el hijo podrá elegir si, repetir comportamientos o cambiar esa situación para cuando él tenga su familia.

Tenemos una hermosa gastronomía, magnífica. Y creo que también es bueno actualizarla, no en el sentido de olvidarla o dejar de consumirla, sino aprender a trabajarla de una manera diferente, sí, cambiando tal vez, cocciones o ingredientes, pero que en su esencia o en su sazón tiene que permanecer todo ese sabor que nos hace tener esa alegoría al consumirla. Así como en muchos temas, se va actualizando, creo qué en la cocina, es algo que no pasa desapercibido. Instrumentos, tecnologías, investigaciones que, años atrás no se tenían, hoy están para ayudarnos a tener una mejor calidad de vida, por medio de la alimentación.

Amo mi gastronomía. Pero atesoro, que como mexicanos podamos dejar de ver la paja, y enfocarnos en la esencia de lo importante, y no dejar nuestra salud, hasta el último lugar.

Es un constante trabajar desde nuestras bases en la familia. Me causa mucha risa cuando una mamá se acerca con su servidor para que les proporcione algún consejo o secreto para hacer que su hijo consuma verduras. La pregunta que siempre les hago es, "¿usted come verduras?", a lo que la respuesta siempre es que no, pero que, aunque ellos no consuman, sus hijos sí deben de hacerlo porque es por su bien. Con los niños no es tan complejo como parece, ellos imitan patrones, si la mamá o en la familia, no consumen vegetales, por ende, el niño no las va a consumir, o hasta he conocido casos, en donde ni siquiera las conocen, ejemplos como un brócoli o hasta un jitomate. Entonces es sencillo, pon el ejemplo, y el niño te copiará lo que estés haciendo. Aquí ya decides si lo que estás haciendo, es bueno o malo.

Hablando de las familias, no sabes la tristeza y enojo que me causa ver a un niño "michelín". Un niño "michelín" es un pequeño que es tan gordito que los pliegues en su cuerpo se le hacen notables y que a veces, hasta el cierre de sus ojos es notorio por sus mejillas tan crecidas por el sobrepeso. Cuando veo a algún niño de este tipo, me dan unas ganas de agarrar y pegarle unas cachetadas a los papás, para que despierten y entiendan todo el daño que le están haciendo al pequeño. El niño no tiene la culpa, porque él, sólo aceptará la forma en que se le enseñe a comer, pensando que ésta es la correcta. Todavía hay unos hijos de puta que se ríen y mofan del pequeño al ver que, por caminar, se sofoca, o que le cuesta trabajo pararse o sentarse.

Creo que tienes que ser muy desgraciado para reírte de una situación así y presentarlo como un chiste inocente.

Queremos niños y jóvenes sanos y, porqué, no comenzar a trabajarlos desde las escuelas. Algo con lo que he batallado mucho y que espero en algún momento tener esa oportunidad, es el trabajar con escuelas. Hasta el momento, el cierre constante de puertas se ha manifestado, pero continúo firme, aunque no marche.

Por qué en las escuelas de educación básica no se implementan clases de nutrición, se explica lo que es una correcta alimentación, los ingredientes que contienen los productos en el mercado y, sobre todo, las cafeterías de las escuelas, ofrezcan alternativas (aunque tendría que ser en su totalidad) de comidas saludables o modificar los tipos de cocción o productos que se utilizan en la preparación de sus alimentos.

Es uno de mis sueños, que podrán parecer utópicos, pero que creo que la calidad de vida de las personas puede mejorar como no tienen idea, si se tuviera un poco más de información y prestara atención a las cosas que son importantes.

Algo importante que se puede rescatar, es que, gracias a nuestro estilo de vida que vamos implementando en los pequeños, estamos dentro de los primeros lugares en obesidad infantil a nivel mundial, y eso, hay que celebrarlo, ¿no crees? Es sarcasmo, en caso de que no lo hayas entendido.

Hay muchísimo por trabajar, y creo que tú y yo, tenemos que formar parte. Si te vale madre toda esta situación, adelante, estás en tu derecho. Pero creo que no eres de ese tipo. ¿O me equivoco?

> *"Es sencillo, pon el ejemplo, y el niño te copiará lo que estés haciendo. Aquí ya decides si lo que estás haciendo, es bueno o malo."*

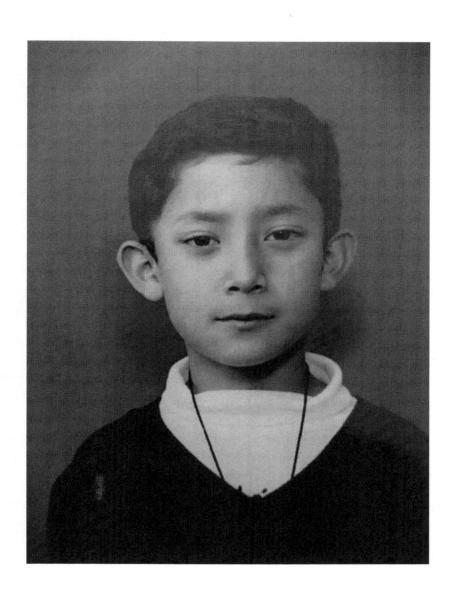

MI ENCUENTRO CON LO SALUDABLE

Muchos se preguntan acerca de si tengo, algún punto clave en que mi vida, me hizo girar en torno al mundo saludable; o se hacen otra pregunta mejor, si degusto comida "normal" o sólo desayuno, almuerzo y ceno ensaladas. Las preguntas están bien realizadas, y aunque no es la primera vez que me las hacen, aquí les voy a responder.
Comenzaré con lo segundo, y la respuesta es, SÍ, consumo comida "normal", aunque, no lo hago seguido, por dos razones:

1)   Mi paladar lo he ido educando, para apreciar los sabores al natural y, no es por ser "chocoso" o "mamón", pero al ir educando tu paladar, percibes de forma casi inmediata cuando algún alimento contiene aditivos, edulcorantes o el famoso glutamato monosódico. Y no es que su sabor sea desagradable, al contrario, "mejora" el sabor de los ingredientes; pero nuestra filosofía no es sólo el que sepa rico, sino que también, te nutra.

2)   Y, mi organismo (al igual que el paladar) lo he ido alimentando de una manera diferente. No hablo de una alimentación súper especial o cosas así. Hablo acerca de quererlo y cuidarlo, tomando precaución de los alimentos que degusto, porque sinceramente, a veces me caen "pesados" o, llegan a hacer reacciones que no son muy agradables en su servidor.

Creo que NO tengo un punto clave en el que mi vida dio un giro de 180° en torno al mundo saludable. Ahora que lo analizo, en mi vida, ha sido un proceso que ha pasado por muchos sucesos de mi vida, que, sin querer queriendo, me fueron encaminando hasta llegar al punto en el que hoy estoy (y compartiendo contigo, claro está).

Te voy a platicar de algunos de ellos:

El fallecimiento de mis abuelos...

Que alegría es el poder compartir con estas personas, por poco o mucho tiempo, la sabiduría que nos transmiten, los consejos que nos comparten, en fin, son incontables las cosas que podemos mencionar de ellos, pero les comentaré, lo que a mí me sucedió. Mis abuelos eran un caso especial, cada uno tenía su toque, y como en todos lados, compartía o empatizaba más con unos, que con otros.

El desenlace, fue el mismo para todos. Enfermaron, se comenzaron a cuidar y fallecieron (se lee crudo, pero así es). Para mí, estaba esa inquietud, que, aunque no lo externaba, si lo pensaba constantemente: ¿Por qué no se empezaron a cuidar desde temprana edad? ¿Por qué, si ya saben que les hace mal algún producto o bebida, lo siguen consumiendo?... Existe una frase muy común, qué en lo personal, no me gusta: "de algo nos vamos a morir". Pienso que es una excusa que busca el auto justificarse, de solapar nuestra dejadez para con nuestro cuerpo. Sí, estoy consciente que, de algo nos vamos a morir, pero, los otros días no. Algo cierto es que, no sabemos ni el día ni la hora de nuestra partida o muerte (depende en lo que creas); y en caso de llegar a una edad mayor, ¿no te gustaría vivir esa etapa con una buena calidad de vida?

Creo que existe algo más para las personas mayores que, asistir al Centro de Salud, estar horas y horas y, depender (a veces) en su totalidad de la familia. Y es que es tan cierto, muchos de los problemas que se tratan en los Centros de Salud (privados o públicos) se pueden prevenir con unos correctos hábitos de vida. En la alimentación, con la familia y en la vida misma, está el secreto para tener una calidad de vida óptima, es decisión de nosotros, elegir el camino por el cual, me voy a poner en marcha.

La gran mentira de la mercadotecnia...

Como gastrónomo, una de las habilidades que uno trabaja, es el poder realizar preparaciones o platillos a nuestro gusto; partiendo desde la base o inicio, uno conoce cada ingrediente de la receta a realizar y pone manos a la obra. Sé que casi todos (por no decir todos) conocemos uno o varios productos que se ofrecen en los mercados o tiendas de autoservicios.

El gran impacto que me marcó, fue que, por LEY (lo coloqué adrede en mayúsculas) todos los productos comercializados, deben llevar escrito en la etiqueta o envoltura, los ingredientes con los que están elaborados. ¿Cuál fue mi sorpresa? Que las grandes empresas les vale un carajo lo que están vendiendo, siempre y cuando existan consumidores (por no llamarlos idiotas) que los compren. Hay ejemplos en los que es alarmante el caso, y nadie dice nada, o por lo menos, que se dejaran de consumir dichos productos. Veamos, alimentos que según son integrales o que son ricos en fibra, resultan ser una gran mentira, esa fibra que según contiene, es sólo colorante café, para que se vea como si fuera integral, pero que de integral no posee nada.

Otro ejemplo son algunas mermeladas (para realizarlas, sólo necesitamos pulpa de fruta y azúcar), resulta que las comerciales llevan "saborizantes idénticos al natural", conservadores, aditivos, estabilizantes, gelificantes y en muchos de los casos, no se puede pronunciar el ingrediente que contiene, y que decir de entenderlo o conocer acerca del mencionado. En resumen, de pulpa de fruta, no contienen nada. Esto por mencionar sólo algunos ejemplos.

No dejemos que nadie nos quiera ver la cara de tontos, ya que, las empresas lo hacen y uno les premia consumiendo su mercancía, que muchas veces es nociva para nuestra salud.

El conocer a mi compañera de vida…

Puedo asegurar que todo mi recorrido o proceso que fui llevando, se concretó al conocerla a ella. Ella fue el punto de partida para irme adentrando poco a poco en este mundo. El dejar no sólo el esfuerzo o cansancio en cada platillo, sino en colocar corazón, empatía, escucha, a un platillo.

Siempre he tenido presente que, de los ingredientes principales para cocinar son el amor y nuestro estado de ánimo (yo siempre cocino con buena música). Ir un poco más allá, dejando el más acá del ego, del sólo satisfacer, del restaurar sin importar si eso nutre o no. Del buscar romper esos esquemas, ideas, improntas, del nadar contra corriente y, dejar bien en claro, que la comida saludable NO es aburrida, monótona o simple, sin sabor.

Creo que la vida nos coloca con las personas adecuadas en el momento adecuado, y por hablar de compañera de vida, me refiero a esa persona con la que compartes vida, metas, aperturas, crecimientos y derrotas. Ella, es esa chispa de vida que hace que día a día me alegre, me enoje, me confronte o me felicite y que, a pesar de tener estilos de vida tan diferentes, tenemos un camino en el cual trabajamos juntos; ayudar a las personas, por medio de la correcta alimentación.

> *"Cada uno crece a su ritmo y así es perfecto, disfruta del proceso".*

NO SEAS MAMÓN...

De las cosas que más me dan risa y me molestan a la vez, son ese tipo de personas que se las dan de sabelotodo, y entre cada comentario que van anexando a la plática, sólo dejan ver con claridad, la ausencia de conocimiento y lo peor, la aseveración con la que lo dicen que, para evitarte problemas, mejor les das la razón para que ellos estén tranquilos. Ya que eso es lo que buscan. No quieren saber la respuesta, o encontrar si están en lo correcto o no. Sólo quieren tener la razón, aunque eso implique el tener que quedar como estúpidos frente a la persona que, de antemano, ya sabe o tiene el conocimiento que se está planteando en cuestión.
Te comparto algunas situaciones que me han pasado, y otras en las que he sido partícipe, para que al igual que yo, tengan un momento agradable riéndose al leer de tan fabulosos encuentros.

En ocasiones nuestros clientes piensan que en Healthy ocupamos ingredientes especiales o espaciales, traídos de otro mundo o, que todo lo que manejamos tiene que ser extravagante, y pues, la realidad es otra.

En Healthy trabajamos con ingredientes naturales, frescos, comprados de manera diaria en el mercado. ¿Por qué menciono esto?, ahora lo sabrás.

Cierto día, por la mañana para ser exactos, una pareja llegó al establecimiento, por la manera en que venían vestidos, con licras deportivas, playeras rotuladas, cascos y protección, deduje que eran personas que practicaban ejercicio. Se les asignó una mesa, recibieron las cartas y comenzaron a leerlas. Mientras la pareja prestaba atención a la carta, del otro lado de la barra, que era donde me encontraba, esperaba a que nos hicieran una señal para acudir a tomar su pedido y posteriormente, realizarlo. Al momento de leer el comensal, "enchiladas", surgió en ella una inquietud e hizo la siguiente pregunta:

- Las enchiladas, ¿con qué tipo de tortilla son? – preguntó
- Son con tortilla de maíz – respondí.

Al momento de responder, inmediatamente en ella, aparece en su rostro, facciones de desagrado y desaprobación, como de que algo no estaba bien, o no le parecía. A lo que anexó:

- Pero la tortilla engorda y tiene mucha grasa.

Yo al escuchar el comentario, me estaba preparando para contestar y aclarar esas dudas que tenía, cuando para mi sorpresa, su acompañante, después de que ella hizo ese comentario, la miró fijamente y con una cara seria, pero que dejaba entre ver una sonrisa burlona le dijo:

- Hay no mames, estás diciendo que las tortillas engordan, y ayer te tragaste un kilo de camarones tú solita.

La joven ya no hizo ningún comentario, pero se dejaba ver en su cara, pena y vergüenza, que ya se imaginarán, como esto, se manifestó en su rostro. Mientras sucedía la escena, su servidor disfrutaba de manera interna, conteniéndome la risa, porque, ante todo, el profesionalismo debe prevalecer.

Esto sucedió de igual manera en las instalaciones de Healthy, con unas "recomendaciones" hacia los productos que utilizamos. En primera nos sugirió que el aceite de olivo que usamos en nuestras ensaladas, tenía que ser de equis marca, lo que me sorprendió no fue la recomendación o la publicidad a esa marca, sino porque la razón por la cual lo recomendaba era porque esa marca en específico, era más light o fit (como ella decía). Ya se imaginarán en mi interior, cómo me encontraba cagado de risa al escuchar dicho comentario, digo qué al interior, porque exteriormente, sólo asentí con una sonrisa en el rostro.

La segunda recomendación que nos hizo fue, que, en algunos centros comerciales, venden mermeladas que son muy ricas y que, además, ya existen mermeladas reducidas en azúcar; esta sugerencia la hizo después de haber probado nuestra mermelada casera, elaborada al momento y con ingredientes frescos.
Y lo tercero que nos recomendó fue, que cuidáramos mucho las tostadas que utilizamos, porque estaban muy grasosas. Sí, grasosas. Cosa que no puede ser posible, ya que las tostaditas que utilizamos son tortillas HORNEADAS.
En fin, durante la plática, también nos hizo otras recomendaciones, por ejemplo, que ofreciéramos refrescos 0 azúcar, refrescos reducidos en azúcar para que se mantuviera dentro de la línea y filosofía que manejamos en Healthy.
Y estimado lector, como aclaración, en Healthy no vendemos, ni venderemos, refrescos comerciales de ningún tipo.

En cierta ocasión, en una tienda de autoservicio que podríamos llamarla, especializada, ya que cuenta con segmentos en donde se exhiben productos exclusivos, ya sea de cierta marca o, por las propiedades con las que cuenta el producto. Al acercarme a una de las secciones del lugar, para ser específicos, en el área de lo natural, había un espacio que no se escapa de la mercadotecnia y, que usan los términos "orgánicos" y "super alimentos", para resaltar su producto sobre los demás, y por qué no, también encarecerlos.

Mientras me disponía a buscar coco rallado, deshidratado sin azúcar, a un costado de mí, se encontraba una muchacha realizando movimientos como cuando alguien está buscando algo y no lo encuentra. Pensé en acércame a ayudarla, pero al ver que estaba hablando por teléfono, decidí detenerme y mantenerme a distancia. Lo que me llamó la atención del momento, fue que, esta chica parecía llamarle la atención a la persona que se encontraba del otro del teléfono. Había agarrado un tipo de avena orgánica, la cual, tenía un costo muy elevado. La chica le mencionaba que no le iba a comprar ese tipo de avena, que estaba carísimo. Yo creo e intuyo, por lo que la chica comentó que, era alérgica al gluten y que esa era la que consumía porque le hacía daño o algo así. Ya que la respuesta de la chica fue la siguiente:

- Hay no mames, cómo vas a hacer alérgica o intolerante al gluten, si bien que te tragas las "maruchan" y pendejada y media. Ahora resulta. No te compro ni madres.

Para ser sincero contigo, me tuve que retirar del lugar, lo más pronto posible, ya que la risa no la podía contener. Me alejé unos pasillos y pude descargar mi risa a lo desgraciado, por el momento que me había tocado disfrutar. Unos segundos después, con más calma y ya volviendo en mí, al regresar al lugar, ya no se encontraba la chica, pero sí había dejado marcado en mí, un momento el cual atesoro y agradezco a la vida, de haberme permitido disfrutarlo.

> *"La vida te da momentos para cagarte de risa. Ríete y gózalo"*

NADA ES GRATIS

Déjame decirte, con sinceridad y con todo el respeto que te mereces, que, si eres de los que les encanta regatear a los artesanos, y se siente muy chingón por haber ahorrado unos pesos, te digo tranquilamente CHINGA A TU MADRE!!!

Y es en serio, me cuesta mucho trabajo el poder entablar una conversación y mucho menos una relación de amistad, con alguien que se siente superior por adjudicar el acto de chingar al otro. Desafortunadamente pensamos que, el chingón es aquel que chinga, cuando para mí, es lo contrario, es un pendejo.

Al artesano le buscas rebajar su trabajo, que implica tiempo, dedicación, conocimientos y una pasión entregada en cada creación que elabora. Al artesano lo haces menos porque tal vez no tiene un local en alguna plaza. Al artesano le buscas pagar menos porque, según tú, es algo sencillo, algo que lo hace rápido, que no es complicado, por eso no es de cobrarse tanto.

Deja te trato de explicar algo, para que vayas entendiendo que nada es gratis, y mucho menos en la cocina.

Para que un platillo sea BARATO, en algún punto de la cadena se vio afectado a algún intermediario, para que se pueda dar barato. Tal vez en ese restaurant, pagan una miseria, y por eso no se añade el coste del personal y, por ende, el platillo es barato (en algunos casos es así, en otros, los dueños son bien mierdas qué a pesar de agregar el coste de personal al platillo, les siguen pagando una miseria a sus colaboradores, también que chinguen a su madre). O tal vez, al proveedor del mercado o la plaza, le "regateaste" y obtuviste un mejor precio, a costa de la ganancia de tu proveedor. O tal vez este proveedor del mercado o la plaza, le hace un "trato" al campesino que labra su tierra. El campesino quiere vender su producto en 10, pero el del mercado, le compra todo, pero con la condición de que será a 5.

¿Entiendes un poco a lo que me refiero de que no hay comida barata?

En algún punto, alguien se verá afectado, para que esa comida sea "barata".

No sé si de casualidad, has visto o comprado, productos que no valen ni $5.00, te has preguntado ¿cómo le hacen para que se venda a ese precio? Digo, si tiene que haber una ganancia para que sea negocio, y también restarle lo que cuesta hacerlo. Ahora te das cuenta de la desigualdad que existe en los puntos de las diferentes cadenas que existen.

Y no estoy hablando de que tengas que pagar todo conforme así te lo vendan. Claro que, como comprador, pides a tu proveedor siempre la mejor calidad, acerca de los insumos que vas a adquirir para trabajar en la cocina. Si te estoy pagando algo de $500.00 pesos, espero recibir algo no menos que valga por lo que estoy pagando.

El proyecto en el que laboro, es acerca de una cafetería saludable, que busca presentar alternativas y formas de nutrirse por medio de la alimentación, el cual lleva por nombre "Healthy Café".

En Healthy Café, al utilizarse productos frescos, la compra se hace diaria. Y en cada compra se busca siempre la CALIDAD por encima de la CANTIDAD. Muchos de nuestros proveedores, de antemano ya saben, que si el ingrediente, no está dentro de nuestro rango de calidad, mejor no nos lo dan. Es más, nos lo cambian, lo consiguen, o de plano, nos dicen que no tienen. Nos dicen eso, porque saben, que un servidor les regresará el insumo que no cumple con el nivel de calidad que siempre buscamos para el cliente.

Un consejo para que no te des de topes en la pared, acerca de cuando estés pagando lo justo o, que te quieran ver la cara, dándote gato por liebre (como dice el dicho). Respeta el trabajo de aquel que labora con sus manos, que trabaja desde la sencillez y plasma horas de trabajo en ello. Recuerda darle el valor a los artesanos que se merecen. Porque el día de mañana que tú vendas algo (sea producto o servicio), y alguien no le dé el valor que tú le das, sentirás enojo, tristeza, impotencia e infinidad de cosas, pero ¿sabes una cosa?, eso mismo haces sentir a todas aquellas personas a las que tú muy chingón, les haces lo mismo.

Gracias y de nada.

> *Repite conmigo: "No volveré a regatear ni a menos preciar el trabajo ajeno"*

PASIÓN

Es una palabra que se lee de manera sencilla, pero que, al llevarla a la práctica, cuesta, y cuesta mucho. Cuando hablamos de pasión, muchas cosas se contraponen, desde la familia hasta las amistades. Muchas veces, nuestra pasión no la tenemos bien enfocada desde el principio, y a veces, de manera errónea, se piensa que nacemos con ella.

Tu pasión es aquello por lo que trabajas, pero de una manera diferente. De una manera tal que, no lo sientes, la sonrisa no se puede dejar de lado de tu rostro. Es algo por lo que vives, hueles, transpiras y apestas a eso. No importa a lo que te dediques, cada uno aporta su granito de arena de manera muy especial, en esta playa llamada vida.

Agradezco tanto a la vida que, mi pasión la haya encontrado, y se enfoque de una manera correcta. Disfruto tanto lo que hago, que la mayor paga que puedo recibir, no es monetaria.

Cuando aprendas a dejar de trabajar por dinero, y comiences a trabajar por pasión, felicidades, lo has entendido muy bien e irás creciendo.

Cuando a finales de mi etapa preparatoria, surge la pregunta que a todos nos cambia la vida, a algunos les da igual y a otros los hace entrar en una catarsis o en un estrés incontrolable.

¿QUÉ VOY A ESTUDIAR?

Es una maldita pregunta que te hace ponerte en jaque. A veces lo que quieres estudiar no se encuentra en tu localidad y tendrás que salir fuera de tu localidad, si tienes las posibilidades, que chingón, pero si no, a veces se estudia para lo que nos alcanza. O tal vez sea el otro lado de la moneda, en el que no sabes qué rayos estudiar, te gustan tantas cosas que no sabes por cual decidirte, o caso contrario, no te gusta nada, y no sabes qué es a lo que te vas a dedicar toda tu vida.

En mi caso, puedo decir que, de manera inconsciente, tomé la decisión de estudiar gastronomía, como resultado de mi historia de vida, que buscaba el volver a revivir aquellos momentos de mi infancia. Para mí, el compartir de la comida, me trae tantos buenos recuerdos con la familia y amigos, en especial aquellas fechas decembrinas en compañía de los abuelos.

Cuando iniciamos primer semestre de la carrera, éramos 50, cuando iniciamos el 2° semestre, sólo continuamos la mitad. ¿Qué pasó? Bueno, la imagen que nos venden en televisión de los chefs super famosos, adinerados, respetados, viajando de aquí para allá, es muy diferente a la realidad que se vive día a día en una cocina. Tuve buenos maestros que me fueron abriendo los ojos, que había de dos, o despertaban la llamita en el interior o, de plano la apagaban.

En el mundo de la gastronomía, existen diferentes ramas, salidas de un mismo tronco. Como cocinero, tienes que elegir, aquello que más te gusta. Puede ser pastelero, parrillero, ser un excelente panadero, un investigador, un gran escritor gastronómico, no lo sé. Esa tarea te corresponde a ti descubrir. En mi caso, agradezco a esa mujer que hizo cambiar mi vida en todos los aspectos. El compartir la pasión por ayudar a las personas a cuidar su salud por medio de la alimentación conmigo, me hizo darme cuenta qué por ahí, ese era mi camino.

Déjate de utopías o señalamientos mágicos, no los hay. A lo largo de tu vida, irás descubriendo qué es eso por lo que más te llena. Y el cuidar a las personas por medio de su alimentación, es algo (que hasta la fecha), me sigue llenando en su totalidad.

¿Qué implica el luchar por tu pasión?

Bueno, no siempre serás bien aceptado. En mi caso, por la cultura en la alimentación que tenemos y el mal historial que tenemos a la hora de los hábitos alimenticios, sumado a las costumbres de la gente y a veces, la ignorancia (que más bien es, terquedad), hacen que el dejarse ayudar, cueste mucho trabajo y sea como nadar contra corriente.

También tendrás que aprender a enfocar correctamente tú pasión, conocer cuál será el combustible que alimente esa pasión. Si el combustible es el dinero, créeme que cuando no lo consigas, estarás frustrado.

Como consejo, cuando tu combustible mire un poco más arriba a la altura del corazón, el dinero llegará solito a los bolsillos. No busques los reconocimientos o galardones, que esos no se vuelvan en una meta, sino más bien, se vuelvan parte de la consecuencia de todo el trabajo que vas realizando.

Tampoco estoy diciendo que será fácil. Todo cuesta, y si quieres salir adelante con tu pasión, tendrás que trabajarlo una y mil veces. Dando el todo por el todo por tu sueño.

Si vives tomando de manera personal, lo que te digan los demás, no llegarás a ejercer nada. Lucha por eso que quieres, manda al carajo a quien sólo reste. A los que te critiquen, sólo guarda silencio y déjalos hablar. En el camino encontrarás quienes se sumen a esta gran aventura de luchar por un sueño.

Yo ya encontré mi pasión. ¿Tú ya encontraste la tuya?

"Nada grande en el mundo, se ha realizado sin una gran pasión"

¿QUÉ ES EL LUJO?

Cuando hablamos de esta palabra, se nos pueden venir a la mente ciertas cosas, aplicadas en diferentes ámbitos de nuestro día a día. Lujos en el hogar, lujos en aeropuertos, lujos en hoteles, lujos en la comida. En este último, es en el que nos vamos a enfocar.

Cuando nos mencionan "lujos en la comida", ¿qué es lo primero que se nos viene a la mente? Te dejo pensar un momento.

Puede ser algún restaurante muy elegante, o tal vez, platillos presentados de forma exorbitantes. Dependiendo del lado con que se mire la moneda, se puede dar respuesta a esta pregunta.

Para mí, un platillo o ingrediente de lujo, no implica el que deba ser costoso. Creo firmemente que implican más factores además de sólo el precio. Si tienes la fortuna de poder consumir de un fruto recién cortado del árbol, descubrirás la maravilla que envuelve en su interior. También creo que, la complejidad que existe para obtener algún ingrediente, es para mí un lujo.

Por ejemplo, disfrutar de una pasta fresca recién preparada, contra una comercial, NUNCA se podrán comparar en sabor. El trabajo manual, el tiempo y el conocimiento invertido en la elaboración de la pasta, marcan la diferencia contra una comercial preparada y guardada en la alacena por meses. O que tal en la obtención de algún ingrediente. Tal es el caso de los piñones, azafrán, o un ingrediente más palpable a nuestra cultura, los escamoles. No te imaginas la chinga que implica el obtener esos huevos de hormiga que son un verdadero manjar de dioses, y ya ni hablar de los gusanos de maguey o las chicatanas. Éstas últimas, son tan exclusivas, que sólo se nos dan en una temporada en específico.

Cuando hablemos de lujo, debemos de entender, que la historia tiene mucho que influir en esto. Se habla de la cocina francesa como la madre de todas las cosas, y de manera personal, difiero en eso. Creo que no existe una cocina madre, lo que creo que sí existe, es una armonía de culturas qué a lo largo del tiempo, se han beneficiado unas de otras. ¿A qué me refiero con esto? Veamos.

Hablamos de la cocina francesa, porque es de la primera en que se hizo un escrito formal y de la que se tiene bases históricas. Ciertamente, esas bases las seguimos ocupando hasta nuestros días. Pero eso no quiere decir, que de ella partieron todas las demás cocinas a nivel mundial. Si nos vamos a la salsa madre de tomate, que tienen los italianos, vemos que ésta no se realizó hasta después del siglo XV, ¿por qué? Porque no conocían el jitomate, fue hasta el "descubrimiento" de América que se hizo el intercambio, y en un principio, no se ocupaba como hoy en día lo utilizamos, porque al principio pensaban que era venenoso. Suena raro o absurdo, pero recuerda ubicarte en aquella época, no se contaba con toda la información con la que se cuenta en nuestros días.

Nosotros por su parte aprendimos a perfeccionar, el hermoso ecosistema de la Milpa. Esa armonía existente entre el maíz, con la calabaza, frijol, qué hasta el hongo del maíz, era consumido. No nos llegó desde Europa. Al igual que muchos ingredientes fueron presentados en aquellas tierras, gracias a nosotros, uno de ellos, el cacao o, la orquídea más famosa, la Vainilla.

Hay una frase que me encanta mucho y te la comparto… "En la historia de Caperucita Roja, siempre que Caperucita cuente el cuento, el Lobo siempre será el malo…" Y es que, aunque no parezca, tiene mucho que ver con lo que te estoy comentando.

Depende de quién escriba la historia, es como se seguirán realizando o no, ciertas actividades. Además que, al escribir la historia, decidimos qué contar y qué no. Y te platicaré porqué lo digo.

Cierta ocasión, en mi época de la universidad, se realizó una cena, para conmemorar un año más de haberse fundado la institución donde estudié. Fue una cena "elegante".

Para esto fuimos todos de esmoquin, bien catrines, bañados, rasurados y sacando las mejores garras. Algunos hasta rentaron trajes y otros, de mayor poder adquisitivo, se compraron uno. Las chicas llevaban sus vestidos largos, zapatillas altas (y otras en el bolso, más bajitas, para cuando les cansaran las del glamour y la foto), los peinados de salón, en fin. Docentes, directivos y alumnos, estábamos de una manera irreconocible, a como estábamos acostumbrados.
Realmente, ver a maestros Chef, sin la filipina de cocinero y pantalón tipo cargo, era muy extraño de mirar.

Durante la cena se dieron algunos reconocimientos, algunos por su trayectoria, otros por lo altruistas, o por diferentes actividades. Y entre esos, hubo un personaje, el cual me llamó mucho la atención, porque destacó por su peculiar manera de vestir.

Al pasar al frente a recibir su condecoración, dio unas palabras de agradecimiento. Hombre que calzaba botas, camisa, cinturón y sombrero piteados. Al momento de dar las palabras de agradecimiento, en la mesa donde estaba sentado, se comenzaron a escuchar murmuraciones y risas, acerca de la vestimenta del Señor. De entre ellos se escuchaba decir, "al señor no le dijeron que era fiesta y pensó que iba al rancho" o, "no le dijeron al don que había que venir elegante", y demás comentarios que, para mí, se me hacían ofensivos y hasta denigrantes hacia el señor.

Conociendo un poco del tipo de ropa que usaba (que no era para nada barata) y por todos los negocios que poseía, podía pagarle la risa a cualquiera de los que estaban hablando mal de él, juntos. Toda esa situación, me ponía a pensar que, el señor, venía con su ropa elegante. Que nosotros, lo elegante lo tomemos como traje, esmoquin, corbata y demás, ese era nuestro problema, pero no del señor. ¿Qué hubiera pasado, si el que escribía la historia, en lugar de poner que, lo elegante era traje, corbata, trajes largos, hubiera puesto, botas, cinturón piteado, sombreros y camisas estampadas o bordadas? Veríamos a las personas vestidas de traje o vestido largo, de manera diferente.

Y es que así nos pasa en nuestro día. Pensamos que un traje es lujo (y que en ocasiones lo es), pero el demeritar o hacer menos, al trabajo de una persona que ha bordado una blusa a mano, es ahí donde caemos en el error. Apreciar un pantalón con decoraciones artesanales por tejedores dedicados toda su vida a eso, y que lo más probable, es que tenga un diseño único en su prenda, es algo para mí, más que valioso.

Ves a lo que me refiero cuando digo que el lujo, es sólo una palabra. Depende de nosotros darle un entendimiento correcto, al uso de esta palabra. Recuerda que para una persona el comer solo, en completa tranquilidad y soledad es un lujo. Como para otra, el estar rodeado de familia, con ruido y demás, puede ser un lujo, que muy pocos llegan a entender.

Con toda esta antesala, te hago una pregunta directa, "para ti, ¿qué es el lujo?".

"Para mí, el poder contemplar la inmensidad de las cosas, son uno de los lujos de la vida."

DATE TUS GUSTOS

No sabes el miedo que me dan las personas que dicen que, las 24 horas del día, las tienen enfocadas hacia la cocina. O a la profesión que se dediquen. Me dan miedo, porque va a llegar un momento en que estas personas se "quemen" o "truenen". No lo comento como envidia, sino porque estas personas, no dicen que huelen, sino que apestan y transpiran a "x" o "y" profesión u oficio.

Creo que, pese a lo que uno se dedique, tienes que darte esos momentos de silencio, soledad o simplemente, distraer tu mente con algo más.

Puedo decirte por experiencia propia, que uno llega a querer tomarse un descanso de aquello que lo apasiona. Y no estoy diciendo acerca de tirar la toalla. Hablo de darte una pausa, para después, volver a retomar con nuevas ideas, más fresco, más descansado, aquello a lo cual diriges tu pasión.

Soy de las personas que disfruta muchísimo compartir una buena charla, de cualquier tema. Soy de esas personas que le encanta la compañía de una o varias personas, y que también atesora mis momentos de soledad.

Esos momentos que me ayudan a encontrarme, y que hacen, que mejore aquello que anda fallando o, a perfeccionar aquello que va bien.

¿Por qué hablo de estar bien con uno mismo?

Dentro de la cocina, hay algo que me encanta compartir acerca de los "espíritus de la cocina". No es algo literal. Es una metáfora que me hago (y que he comprobado) que, al momento de cocinar, nuestro estado de ánimo, afectará un mucho, en el resultado final.

Una misma receta, con los mismos ingredientes, preparada por dos personas que han tenido escenarios diferentes antes de llegar a la cocina a prepararlo. Una acaba de terminar su relación de noviazgo y, la otra persona, acaba de recibir la noticia que, aquel familiar a quien tanto quiere, pasará por ella al trabajo al terminar el turno. Así sea la misma preparación, el resultado será diferente, por el estado de ánimo en que nos encontremos.

Creo que una persona que dice tener pasión en algo, no se le puede esfumar tan fácil. Tal vez sea momento de tomarte un descanso para volver a retomar con ganas tu pasión. Así como un músico no se ha de cansar de cantar o de componer melodías, o un maestro se llegue a fastidiar o chocar de enseñar a sus niños, así mismo, un cocinero, no se cansará de compartir y transmitir su pasión, en lo que prepara.

¿Qué podemos hacer para que la chispa de nuestra pasión no se apague?

Darse tiempo para estar con uno mismo. Hay pasatiempos, que por extraños que parezcan, son estos mismos, los que te hacen darte tus gustos. Cantar, leer, escribir, componer, aprender, correr, jugar videojuegos, escuchar música, dibujar, andar en bici, viajar, y la lista sigue y sigue. ¿Cuál es el mejor? El que mejor te ayude a ti. Porque sólo estando bien tú, podrás transmitir y compartir, tu pasión con los demás.

Con el paso del tiempo, he ido trabajando para descubrir los que me ayudan a mí. De hecho, si no fuera por este pasatiempo de escribir, no estarías leyendo todo esto que aquí te menciono.

¿Tú ya sabes cuáles son los tuyos? Si todavía no, es momento de ponerse a trabajar.

> *"De todos los conocimientos posibles, el más sabio y útil es, conocerse a sí mismo"*

LO NOBLE DE LA COCINA

Estoy consciente que, toda profesión u oficio, fungen como parte importante dentro de una totalidad. La individualidad de cada uno, el cómo lo desarrolla y, también, el amor y pasión que se plasma en ello, hacen de este, un resultado bueno o no tan bueno.

En cuestión de la cocina creo que hay algo muy especial en todo esto (y no lo hablo porque es a lo que me dedico). El "arte" de cocinar, creo que es algo que ha ayudado a nuestra especie, en primera, a sobrevivir, y en segunda, a disfrutar de nuestros recuerdos. El acto de tomarse el tiempo, para preparar algo hacia otra persona, es algo en el que se plasma mucho cariño.

El ser anfitrión, y prepararte para recibir a tus invitados, conlleva algo más que sólo "preparar" la comida. El planear tal vez desde días antes, el preparar algo en específico o cambiar algún ingrediente para algún invitado que pueda ser alérgico, o no le guste algo que estará dentro de tu menú. El ir a realizar las compras, buscando siempre los ingredientes de mejor calidad, porque eso es lo que quieres dar a tus invitados, sólo lo mejor y no, sobras. El disponer de una mesa, que tal vez puedas decorar. Alguna bebida que, dependiendo el clima, va a ser el maridaje perfecto para tu menú. Realizar algún tipo de entrada con la que vas a recibirlos. La música que van a escuchar mientras degustan los platillos. Qué ofrecer en el momento de la sobre mesa, porque la plática no puede faltar para ponerse al día con esas amistades. Y otras situaciones que se presentan a la hora de intentar ser un buen anfitrión.

Si has sido anfitrión, entenderás lo que aquí menciono. Y si te ha tocado ser invitado, sólo te queda el agradecer y disfrutar. No seas un cabrón que se ponga a criticar y a señalar todos los fallos, cuando no sabes todo lo que hay detrás y el nervio que padece tu anfitrión.

También creo, que uno de los actos de amor, más sinceros que hay, es el preparar algo de comer a ese cliente o persona especial. Conozco de buena fuente (y en mi experiencia personal) que tal vez, para nosotros, no nos prepararíamos un desayuno tan temprano o tan elaborado, pero sí lo hemos hecho para esa personita especial que se va a trabajar y queremos que se vaya, bien alimentada, aunque eso implique levantarse a las 06:00am.

Existen situaciones en las que, tengas dinero o no, las puedes realizar.

Si tienes dinero, te puedes comprar algún carro, tomar un viaje o darte el gusto de adquirir alguna decoración para tu hogar, pero, si no tienes dinero, dejas de lado lo que te mencioné, y no pasa nada. En otra ocasión lo realizarás. En el caso de la comida, NO.

Dice un dicho que me encanta, "el hambre es canija, pero más el que se la aguanta". Así tengas dinero, o estés pasando por una situación desfavorable, el hambre va a llegar. Y buscarás sí o sí, el poder alimentarte. Nuestro cuerpo no ve situación económica, él te va a exigir que le des comida. Por esa misma situación, creo que, algún establecimiento de comida, siempre va a existir. Porque se cuente con dinero o no, la comida no debe faltar en nuestro día a día.

Entiendo que cada uno defenderá su profesión u oficio, y es razonable. Sólo estoy plasmando en estas líneas, que algunas (no estoy diciendo que sólo la cocina) ayudan a sobrevivir, y si podemos no sólo sobrevivir, sino, además disfrutar y crear experiencias con esa comida, para mí, es algo que tiene suma importancia y de lo cual estoy agradecido, de poder dedicar mi tiempo, a restablecer a las personas, por medio de la comida.

"La cocina es el corazón de la casa."

MUCHOS CONOCIDOS, POCOS SON AMIGOS

A lo largo de la vida, nos iremos dando cuenta de muchas situaciones, en las que, sólo el paso del tiempo, nos dará la razón. Estoy seguro (y no me dejarás mentir), que conforme vamos recorriendo el camino de la vida, nuestras amistades se van haciendo cada vez, más reducidas. Pasamos a tener calidad, y dejamos de lado, la cantidad.

Creo que nuestros "amigos" los podemos contar con los dedos de la mano. Podremos tener muchos conocidos, vaya, un número incontable, pero, tener esos amigos que realmente se alegran por ti, que han estado ahí cuando los necesitas (y viceversa), que cuando andas cabizbajo, saben como alegrarte (aunque eso implique molestarte o jugarte bromas) y que, cuando se te ande subiendo la caca a la cabeza, te regresen a poner los pies sobre la tierra.

Puedo asegurarte que estas amistades, se forjarán a lo largo de los años. Hablarás muy poco, o hasta lo mínimo en un año, pero que, cuando se da la circunstancia y el momento para darse unos minutos de diálogo, parece que no ha pasado el tiempo, y el cariño sigue ardiente como desde aquella última vez en que se vieron.

Realmente un amigo se alegrará por tus logros, y tú te alegrarás por los logros de él o ella. Tomarán cada uno su propio camino. Podrán tener diferencias, pero es responsabilidad de cada una de las dos partes, que esa amistad no se fracture por situaciones en las que, luego no tienen ni idea del porqué se separaron o dejaron ir por la borda, una amistad de años.

Lo importante, es cuidar esa amistad. Muchos podrán decirse amigos, pero a la hora de las alegrías o las tristezas, simplemente, no están. Valora, aprecia, respeta y vela por esas amistades qué aunque no estemos hablando con ellos de manera diaria, sabemos que tienen un lugar muy especial en nuestro corazón.

Aprende a dividir a esos compañeros que son sólo de trabajo, los que son de fiesta, aquellos que sólo son para viajar, aquellos para el chisme, aquellos con los cuales, puedes contar para una noche larga y aquellos a los cuales, sólo estarán compartiendo por un tiempo determinado en nuestras vidas.

Agradezco infinitamente las amistades que tengo, que, aunque pueda parecer que tengo muchos amigos y que, por mi forma de ser, puedo tener bastantes lugares a donde llegar, sé que con esa familia que se le escoge, los tengo contados con los dedos de una mano, y aquí en estas líneas, agradezco su amistad, apoyo y aprecio, por compartir en algún momento, este hermoso caminar llamado vida.

Gracias totales.

"Quien ha encontrado un amigo, ha encontrado un tesoro"

NO ENTIENDO
Carta de un bebé a sus padres

Me encuentro en tu pancita mamá, no entiendo por qué comes esas cosas, por qué te haces daño de esa manera, y lo más importante, me lastimas a mí. Ya que dependo totalmente de lo que te alimentes, para que yo pueda crecer y formarme bien dentro de ti.

Me encuentro entre tus brazos, 1 mes desde que llegué a este mundo, me siento muy cansado y sólo pido tu alimento mamá, lo que tú me das, pero no entiendo, por qué colocas polvos en un envase con agua y me lo das en lugar de tu pecho, no entiendo mamá, pero me lo tomo porque sé que es por mi bien.

Mis primeros pasos doy y comienzo a pedir de los alimentos que los "grandes" comen. Sólo me responden que no me pueden dar, porque me hace daño pero, no entiendo, por qué si hace daño ¿por qué ellos lo comen?

Comienzo a pronunciar mis primeras palabras, y aunque todavía no sé qué es, logro identificar ese sabor que se encuentra en muchas cosas que me dan y me gustan, aunque no entiendo por qué me las dan como premio, como una recompensa, cuando saben que me altera y me pone muy nervioso sin poderlo controlar.

No me gusta salir de viaje, siempre me dan ese líquido con cosas que sabe horrible, estoy chocado de comer lo mismo mientras mis papás disfrutan de tantas cosas, no entiendo, por qué si mis papás dicen quererme tanto, me dan la misma comida que es preparada como una carga, y no con amor.

Me llevan con los mejores pediatras, pasan horas en el hospital, me quieren dar las mejores medicinas, pero no entiendo por qué mamá y papá, mejor cambian la forma en que me alimentan, se ahorran dinero y se evitan y me evitan, tanto sufrimiento.

Mis abuelitos los veo mal, cada vez se mueven más lerdo, los días pasan y su salud se va deteriorando, y no entiendo, por qué comen todas esas cosas que ya saben que les van a hacer daño, y tratan de solucionarlo con pastillas que toman después de cada comida.

Mis papás siempre me alimentan con lo mejor, aunque no entiendo, porqué siguen pensando que calidad, es igual a gastar mucho dinero. Y de qué sirve que busquen alimentarme con lo mejor, si se olvidan del ingrediente principal, que es el amor; me dejan comiendo sólo, mientras ellos están más atentos a una caja que presenta personajes o al aparato que siempre llevan en su mano.

Mi vida continúa, y tengo mis hábitos, pero no entiendo, porque mis padres se molestan de mis actos, cuando yo solamente soy el resultado del ejemplo que me han inculcado. Lo siento, pero yo sólo voy a repetir, lo que ellos me enseñaron. Lo siento, pero no entiendo la manera en la que ellos dicen amarme.

> *"Lo que se les dé a los niños, los niños lo darán a los demás."*

NO ESTÁS SÓLO

Déjame platicarte un suceso que me pasó, que me ayudó mucho a continuar en este caminar y a darme cuenta que hay otras personas, que también quieren ver ese cambio, pero no son escuchados o no hablan.

Cierta ocasión en que asistía al Hospital, a mi chequeo mensual, (padezco una enfermedad llamada hipertiroidismo), el doctor con el que me atendía, se me hacía una persona tranquila, y a veces transmitía un cansancio debido a su trabajo del día con día.

Por lo regular soy de esas personas que me gusta romper con los lineamientos que se tienen (en algunos casos), y al ingresar a su consultorio, el diálogo consiguiente que, me imagino, se da con cada paciente que llega con él, es de, ¿cómo ha estado?, ¿cómo se ha sentido?, lo voy a revisar. A mí una vez que me preguntan acerca de cómo estoy, me gusta regresar la pregunta.

La primera vez que realicé esta acción con el doctor, intuí, por la expresión de sorpresa en su rostro, que no le preguntaban acerca de cómo se encontraba. Y confirmé mi sospecha, cuando respondió con una sonrisa algo temblorosa en su rostro, y un discreto, "bien, gracias".

Después de que contestó, surgió un silencio tan incómodo, que casi se podía agarrar la tensión. Y esto, no porque haya dicho algo malo o se haya faltado al respeto a alguien en especial, sino, porque se había dado una situación que no era común y, por lo tanto, no se sabía cómo afrontar una vez suscitado dicho momento.

Para romper aquel silencio incómodo, me dirigí a hacerle la misma pregunta a la médico que se encontraba auxiliando (realmente desconozco el ambiente del área de la salud, y no sé si la chica era pasante, residente o estaba haciendo prácticas, pero en ese momento era la auxiliar) al doctor. Dicha auxiliar se encargaba de tomar la temperatura, medir la presión y todos esos detalles que te realizan cuando asistes a un chequeo de una consulta médica.

Una vez realizado el protocolo inicial, procede el doctor a hacerme mi historial clínico, para lo cual, me pregunta acerca de, a qué me dedico. Contesto tranquilamente, que trabajo de cocinero, en una cafetería saludable.

¿cafetería saludable? – me preguntó.

Sí – respondí.

- ¿y cómo es eso de una cafetería saludable?

- pues verá doc, todo lo que usted pueda ir a consumir a un establecimiento "normal" (esas comillas las hice con mis manos, mientras le comentaba), nosotros lo preparamos, pero girando en torno al área saludable. Trabajamos desde panadería integral, repostería integral, bebidas al natural, especiales del día, y elaboramos todo del día y con productos frescos de temporada.

- Interesante, y ¿por qué saludable y no hacer una "normal"? (él también hizo la acción de comillas al decir la palabra normal).

- Bueno doctor, creo firmemente que una alimentación saludable, evitaría o controlaría enfermedades en las personas, les daría una mejor calidad de vida y, además les ahorraría dinero. Sé de antemano que es un proyecto en el cual, por nuestra cultura, es nadar contra corriente, pero sé también, que sí se puede. Tan sólo aquí afuera doc, un hospital donde vienen personas enfermas de todo un poco, y afuera de las instalaciones médicas, lo único que encontramos para comer, son puestos de antojitos, cosas fritas, cosas con grasa o con exceso de azúcar. Siento que, en esa parte, es como si afuera de un lugar de rehabilitación o de doble A, estuvieran las cantinas, listas para recibirlos.

Cuando terminaba de hablar, el doctor, en un solo movimiento sin titubear, dando un salto de su silla, comenzó a externar lo siguiente, mientras caminaba alrededor de su pequeño consultorio y su asistente y su servidor, lo observábamos atónitos.

"Eso es lo que he estado diciendo. Hacemos todo mal. Todo está mal. Desde que estudiaba yo veía y trataba de exigir que se enseñara en las escuelas acerca de nutrición. Quería y deseaba que una buena alimentación fuera parte de la enseñanza de las escuelas como si fuera español o matemáticas. Los adultos serían más conscientes y responsables, y no estaría la fila interminable de pacientes, los cuales tienen padecimientos, que pudieron controlar o no padecer si hubieran tenido un poco más de respeto. Me tomaban a loco, pero veo que sí hay gente que se preocupa por eso."

-Así es doc, nos toman un poquito a locos, pero cuando están mal, ahí si andan acudiendo a uno, que no es queja, pero realmente se pudieron ahorrar todo ese dolor, pérdida de tiempo y demás, si tan sólo se hubieran cuidado un poquito.- Le contesté.

-Y luego te andan exigiendo las medicinas o que los atiendas a la de ya. Y a veces hasta de manera grosera- Agregó la médico asistente.

Se generó en ese momento, un tipo desahogo por parte de los médicos y uno atentamente escuchando.

Logré captar que, en muchos casos, aunque se estudie o se dedique a la parte médica, a veces, no se ataca o trabaja desde la raíz. Existe un dicho que dice "una vez el niño ahogado, se tapa el pozo".

Y es aquí a donde logro rescatar, que en las veces en que he pensado que lo que hacemos, no tiene sentido, existen personas que de igual manera, llevan esa lucha interna, tal vez, de no ser escuchados, o de tal vez ignorados o hasta etiquetados de una manera despectiva, pero sabes una cosa, creo que los que buscamos hacer el cambio, tenemos esas características, que mucho más allá de la parte monetaria, lo que nos mueve es esa parte moral, de sentido común y que busca, al final de cuentas, el bienestar para las personas.

> *"No te desanimes, lo que para ti puede parecer insignificante, para otro puede ser un gran cambio en su vida."*

¿QUÉ FUE PRIMERO?

Dentro de nuestra historia de vida, y para ser específicos, en el área de la gastronomía, TODOS, absolutamente todos, tenemos algo llamado Memoria Gastronómica (MG), que es una parte de nuestro cerebro que nos ayuda a recordar algún sabor, aroma o momento, y/o relacionarlo con algún otro sabor, aroma o momento.

¿A qué me refiero con esto? Te voy a poner algunos ejemplos para que sea más explícito lo que te comento.

Cuando tuve la oportunidad de degustar las ancas de rana, al momento de probarlas, me hizo recordar y asemejar su sabor, con el sabor de las jaibas. Un sabor rico, que gusta a mi paladar y me recuerda mucho a casa, pero también, pasaba por mi mente acerca del ¿qué hubiera pasado, si hubiera probado las ancas de rana primero y después la jaiba? El resultado sería el mismo, sólo que ahora el sabor a asemejar, era el caso contrario. Ves cómo en mi MG tenía presente el sabor de la jaiba y por eso inmediatamente mi cerebro buscaba relacionarlo con algún sabor que conocía para sentirse más seguro.

Esto sucede mucho en la gente que cuando prueba alguna carne de algún animal, si le preguntas acerca del sabor de este, la respuesta es "sabe a pollo". Así hayan degustado iguana, cabrito, lechón, cocodrilo, venado, el animal que quieran, su respuesta va a ser "sabe a pollo". Porque es el sabor con lo que lo asemeja y no es consciente de que cada una de esas proteínas, tienen un sabor y cualidades que las distingue unas de otras.

El hecho de que, al probar algún sabor "nuevo", siempre vamos a querer asemejarlo con alguno ya conocido, no me dejaba del todo contento. En mi constante cuestionar de las cosas, por mi mente pasaba la siguiente cuestión: Y si probamos algún sabor, al cual nuestro cerebro no encuentra dentro de su base de datos y no logra relacionarlo con algo, ¿qué sucede?

Bueno, la vida es tan maravillosa, y siempre te da respuesta a la incógnita que le presentas.

Cierta ocasión saliendo de la universidad, me dirigía hacia el centro de la ciudad. En el camino me encontré con un vendedor ambulante, el cual, el producto que ofrecía, eran unos insectos llamados chapulines. Recuerdo que, en mi infancia, íbamos a un rancho y en este, los capturábamos y recolectábamos, para después en casa, mi mamá nos los preparaba. La imagen en la infancia la tenía, pero el sabor, no lo lograba recordar, ya que era muy pequeño y no era consciente de muchas cosas de las que lo soy, hoy en día. El señor vendedor los ofrecía en vasitos botaneros y los preparaba con limón, sal y una salsa líquida picante de nombre femenino muy popular entre el pueblo mexicano, a lo cual yo me negué que los preparara de esa manera, ya que, quería disfrutar del sabor del chapulín, al natural.

Cuando los estaba degustando, mi cerebro comenzaba a trabajar buscando con qué otro sabor asemejarlo. Tanto fue su esfuerzo que antes de bloquearme y dejar pasar ese sabor sin prestarle atención, entendí lo que estaba sucediendo. No podía asemejar ese sabor con algo más, porque no había en mi MG, algún sabor similar al del chapulín.

Y así fue, ese sabor no lo relacioné con algo más, sino que lo sumé a mi gran lista de sabores, llamándolo chapulín. Parece muy obvio, pero la realidad es que llevó mucho trabajo el entender, que no todos los sabores tienen que saber a otros de manera relacionada.

Hay sabores tan característicos que es casi imposible, confundirlos, ya que sus propiedades y características organolépticas, los hacen únicos.

Así es como nos va pasando y sucediendo a lo largo de nuestra vida. A veces de manera consciente lo percibimos, y en otras sólo comemos por comer.

La importancia de ir guardando de manera consciente todos los sabores y aromas en nuestra MG, hacen que, a uno de manera subjetiva, se vuelva en mejor cocinero y, también, en una persona que disfruta de mejor manera las cosas de la vida.

Disfrutando desde el aroma de un cafecito de olla recién hecho en anafre, en medio de una mañana fría y con una brisa suave que refresca, pero no moja o, hasta del aroma de un libro nuevo recién abierto de su empaque y comenzar a hojear sus primeras hojas.

Recuerda no buscar el pelear con los sabores y aromas, algunos han llegado antes que otros, y de ahí viene su relación, y todos importan, son una pequeña parte de un todo, qué sin esa pequeña parte, simplemente tu todo, quedaría incompleto. Y también, que, la próxima vez que no logres encontrar o asemejar ese sabor nuevo que entró contigo, lo anexes a tu nueva lista y que sigas disfrutando de todo lo que la vida nos ofrece.

Si me preguntan acerca de qué fue primero, ¿si el huevo o la gallina?, la verdad me da igual. Lo que sé, es que, cualquiera de los dos, los puedo preparar y degustar de muchísimas maneras. Lo sé, a veces sólo pienso en comida, pero bueno, esa es mi MG, ¿tú ya vas conociendo la tuya?

> *"La vida se puede entender yendo hacia atrás, pero se debe vivir yendo hacia adelante"*

REGLAS DE UN COCINERO

No son pocas, las veces que me han invitado a comer a casa de algún amigo o familiar y surge la tan famosa expresión "espero que la comida esté a la altura de un Chef". Bueno, déjame decirte que estás en un error si piensas que uno que se dedica al área gastronómica, en todo momento vamos a estar cuestionando, analizando y criticando, todo cuanto nos pongan en el plato.

Te hablo desde mi punto de vista.

Creo que el hecho de que me invites a tu casa a degustar los sagrados alimentos, para mí, me vale un carajo si usaste las especias más caras o usaste las técnicas más sofisticadas. Voy por ti, por tu compañía, por disfrutar con tu familia, por pasar un buen rato, en donde la comida sea mero pretexto para reunirnos alrededor de la mesa. Claro que percibiré cuando algo no esté bien sazonado o quemado, pero en ningún momento externaré un mal comentario hacia tu comida. Siempre trataré de ver todo lo que tuviste que pasar para ser un excelente anfitrión. Desde ir a comprar las cosas, prepararlas, limpiar, acomodar, en fin. Todo el show tras bambalinas que se hace, cuando se tienen invitados. Así que, sólo me enfoco a disfrutar y a pasarla de lo mejor contigo.

Claro que, si voy a un restaurante donde el ticket promedio es de $1,000.00 pesos, espero recibir un servicio y comida, que valga lo que estoy pagando. Ahí sí me pongo de mamón (si lo quieres ver así), y si algo me molesta, es que alguien se quiera pasar de listo, queriéndote pendejear.

Malas experiencias se han llevado algunos meseros con su servidor, por el hecho de que piensan de que uno no conoce nada del tema, y se quieren "lucir" queriendo hacerte quedar mal, pero la realidad es otra, y sólo quedan como idiotas al darse cuenta de su error.

También puedo disfrutar de unos ricos tacos de la esquina por la noche, claro que no me pondré de mamón, porque sé, que es un servicio por el cual estoy pagando. El comer en la noche, de pie, en platos que no se lavan, sólo se le pasa un trapo (que sirve de multiusos y ha limpiado infinidad de cosas), y ya, listo para la siguiente orden. Puedo decir que conozco de todo un poco, y eso ha abierto en mí, un criterio en el cual, te hace ser más empático de acuerdo al lugar donde te encuentres.

Un gran error que llegamos a cometer en los inicios de estudiante o trabajando, es que, pensamos que lo sabemos todo y que ningún plato es digno de pasar por nuestro paladar. Te adelanto a no caer en ese error y disfrutes la comida que entra a tu boca.

He puesto en mi ideal, una máxima en donde he colocado las 3 comidas que NUNCA en tu perra vida te atrevas a criticar. Y qué con gusto, te las comparto.

1.- *La comida de tu madre, abuelita, nana, tía o la persona que te haya criado...*

Tal vez de pequeños, no lo valoramos, pero ese gran esfuerzo (y más cuando esa persona no sabe nada de cocina, no le gusta cocinar o le da miedo el acercarse a una estufa) que plasma en cada preparación que realiza (o realizaba) por nosotros.

2.- La comida de la pareja...

Sí algo florece en una persona que está pasando por eso tan hermoso que es llamado amor, es que, saca a flote muchas cosas, él o ella, empieza a hacer cosas que nunca había pensado hacer, como cocinar.
Si tu pareja es de las que no se mete a la cocina (porque no le gusta, no le enseñaron o sencillamente le da miedo), el día que te realice algo, sea comida, postre o alguna bebida, agradécelo. No importa si está crudo o quemado, tú te lo comes y agradeces. Porque no te imaginas, todo lo que hay detrás para que esa preparación esté frente a ti.
Y si tu pareja, tiene noción o se dedica al área hermosa de la gastronomía, disfrútalo también. Aunque uno se dedique a preparar comida para muchas personas.
Cuando le preparamos a esa persona especial, siempre llevará un toque especial y una dosis extra de amor y cariño. Así que disfruta.

3.- La comida que te regalen...

He tenido la fortuna de tener una bonita relación de amistad con algunos clientes, que cuando hacen alguna preparación en sus hogares, se toman la molestia de guardar un poco y compartirlo con uno.
Esas personas, tienen un lugar lleno de agradecimiento en mi persona y que, para mí, no sólo es el detalle de la comida (qué además, está deliciosa), sino también, el hecho de que, entre tantas personas con las que pudieron compartir esa comida, pensaron en uno, es algo para lo cual no hay forma de pagarlo.

Estas cosas que aquí te menciono, querido amigo lector, no son sólo para los cocineros. Puedes aplicarlas para tu vida, resumiendo las tres en uno sólo. El ser agradecido. Agradece las cosas invaluables de las que muchas veces, podemos formar parte.

"¿Y si agradecemos más, en lugar de quejarnos por todo?"

SEAMOS PUTAS

Antes que comiences a leer este capítulo, déjame decirte que me costó mucho trabajo el decidir si agregarlo o no, ya que tengo miedo a que se pierda la esencia del mensaje que quiero transmitir.

Debo dejar en claro que, en nuestro léxico, la palabra "puta" denota muchísimos significados o expresiones que se presentan en dichos momentos, por ejemplo: "que puta calor hace" (cuando hace mucho calor), "que putas quieres" (cuando se desea saber algo), "esa puta mamada" (cuando se exagera algo), en fin, expresiones y significados hay muchísimos, pero yo me voy a enfocar en aquellas y aquellos, trabajadores de la vida galante, los y las trabajadores sexuales o sexoservidores.

Nunca pasó por mi mente, (ni cuando iba a la escuela), en atender a personas que se dediquen a ello. No porque no existan, sino porque, pasaban desapercibidos de mi radar.

Al dedicarte a la Gastronomía Saludable, te toca atender a un nicho en específico, ya sea con algún padecimiento y quieren mejorar su salud, o aquellos que quieren mantener su línea o alimentación saludable.

Siempre con el sigilo profesional, me hacía la pregunta cuando atendía a una persona, que de antemano sabía que se dedicaba a lo mencionado:

¿por qué ellas y ellos, sí cuidan su cuerpo, su figura, su salud?

Podría responder: porque ellos viven de eso. Pero creo que la respuesta se queda muy corta, con todo lo que conlleva.

El saber e ir conociendo que sus ejercicios, planes de alimentación, chequeos en el hospital, no porque se sientan mal o padezcan algo, sino para llevar un constante control y cuidado de su salud. Lo que hagan o la manera en que ejerzan, es algo en lo que no me voy a meter ni daré mi opinión si es bueno o malo. Lo que a mí me pone a pensar es acerca de que, ¿por qué nosotros, no cuidamos de igual manera, nuestro cuerpo?

Y no es con el hecho de que nosotros no vivimos de nuestro cuerpo, pero carajo, vivimos con nuestro cuerpo. Se me hace muy estúpido el que quieras comenzar a cuidarte cuando ya te está llevando la chingada. Asemejo nuestro cuerpo al de una máquina. Por muy moderno que sea el aparato, requiere de MANTENIMIENTO. Este debe de darse a cierto tiempo o debido a la intensidad de uso. Esto con el fin de evitar daños irreversibles o de plano, que la máquina ya no vuelva a funcionar.

Así mismo con nuestro cuerpo, debemos de cuidarlo, darle mantenimiento, esto conlleva a una correcta alimentación, tiempo de ejercicio, balance espiritual y momentos de ocio.

¿Por qué esperar hasta que la máquina de nuestro cuerpo ya no funcione, para comenzar a echarle mano? Por IRRESPONSABLES.

No existe otra palabra para describir eso. IRRESPONSABLES. La vida nos ha dotado un super equipo para vivir, nuestro cuerpo. Y nosotros no lo ayudamos ni siquiera a ponerle un poquito de aceite en las bisagras para que siga funcionando.

Así como se cuida un carro, un equipo de sonido o una cocina, ¿por qué no comenzar con darle su manita de gato a nuestros cuerpos? Nuestro cuerpo, es lo único que nos va a acompañar en cada momento de nuestra vida, no te parece que lo mínimo que podemos hacer por él, ¡sea el darle una ayudadita!

Así como el cantante cuida su voz, el cirujano sus manos, la puta su cuerpo. Nosotros comencemos con cuidar lo único que estará con nosotros siempre, nuestro cuerpo.

"Cuida tu cuerpo, es el único lugar que tienes para vivir"

SIN DARTE CUENTA

Me he percatado que, como sociedad, a veces, somos muy injustos, y lo hacemos de manera inconsciente. Te voy a platicar algunos ejemplos.

Productos de la canasta básica, como el pan, el cual podemos conseguir con tan sólo ir a la tiendita de la esquina, es una muestra de ello. El detalle no es el pan, el cual, en este capítulo no voy a ahondar en eso. Al tema que voy, es que, nos ponemos exigentes con quien no debemos.

Si tú asistes a una tienda o a una panadería de tu pueblo o ciudad, por lo regular, siempre asistimos a la hora aproximada en que el pan está recién salido del horno. Concuerdo en eso, ya que es un sabor inigualable, y en lo personal, el disfrutar de un pan recién horneado, es algo magnífico, sumando a los factores externos que hacen a veces tener una experiencia inigualable.

¿Qué pasa cuando ese pan se queda? El panadero o encargado, lo ofrece al día siguiente, en algunos lados, le baja su precio o lo remata. Los clientes al entrar al establecimiento, al enterarse que es un pan del día anterior, no lo toman y llega a haber cierta molestia, por no encontrar pan fresco.

Lo curioso, es que, estas mismas personas que acaban de ir a la panadería, te las encuentras ahora, en otro establecimiento de color rojo, que tienen en su logo dos equis en medio de dos ojos, que por lo regular se encuentra en una esquina, en gasolineras o carreteras. Estas personas al entrar al establecimiento, toman algún pan empaquetado, gustosos caminan hacia la caja (la cual, aunque haya 3 cajas, sólo estará una caja abierta con una persona atendiendo, los demás colaboradores siempre están contando) y pagan el producto.

Cuando me percato de esto, me hace mucho ruido en mi interior, ¿por qué? porque se ponen de exigentes con el señor panadero, y no aceptan un pan que no sea del día y, cuando llegan a este tipo de establecimientos, sin chistar, pagan un pan, el cual tiene días en el aparador, y que caducará mínimo, dentro de 15 días.

Así como este, te puedo poner otros ejemplos. Pero sé, que hay (y no digo que tú lo seas) ojetes que lo hacen con alevosía y ventaja, y se ponen a alegar u ofender con quienes no deben. Tal vez, no podamos cambiar la mentalidad de esa persona, pero mínimo, nosotros podemos ayudar a NO contribuir en estas acciones que nos ayudan a que la balanza de la desigualdad, se sigan manifestando de un solo lado.

Personas que asisten a algún lugar turístico, sea algún pueblo mágico o alguna playa, tratan de rematar a los artesanos lo que venden. Buscan ser unos chingones, porque mientras más chingan en el precio, ellos se van sintiendo que han "ayudado" a la economía local y dan un precio "justo" al producto que han recibido. Pero es curioso, como estas mismas personas, pueden asistir a alguna otra tienda departamental de alguna plaza, y pagan cantidades exorbitantes, sin poner un solo pero. Hasta llegan a redondear sin problema.

Muchos de ellos (y me incluyo), llegamos a realizar alguna de estas actividades, de una manera inconsciente. Pero es, en el ir creciendo (y no crecer a lo tonto), que podemos comenzar a cambiar. No a cambiar al pueblo, no a cambiar al vecino. Comenzar con el cambio personal. Comenzar a hacer, todo aquello que sabes que es lo correcto, sin necesidad de que alguien te vea o te aplauda.

Cambios, cambios, cambios, por muy pequeños que parezcan tus cambios, ya comenzaste a tomar acción. Y eso, es digno de aplaudirse.

"Si no sumas, no restes, y de paso, no jodas"

TODO LO HACEMOS AL REVÉS

A lo largo de mi vida, siempre han surgido interrogantes. Soy de esas personas que no se queda sólo con lo que le enseña el profesor, amigo o compañero laboral, sino que se da a la tarea de investigar y tratar de profundizar en los temas que más le agrada. Considero tener la virtud de ser autodidacta, siempre con hambre de conocimiento y aprovechando la era tecnológica en la que vivimos actualmente, siempre indagando y leyendo temas de interés.

Así ha sido mi vida, cuestionando temas de todo un poco y, que desea, ser una persona versada con fundamentos, con pensamientos que buscan hacer reflexionar al que escucha, (sigue leyendo y entenderás a qué me refiero).

¿Por qué es necesario estar enfermo para que sea válido el que puedas comenzar a cuidar tu alimentación?

¿Por qué es requisito el tener una patología diagnosticada, para darse cuenta del daño que le estamos haciendo a nuestro cuerpo?

Por qué una persona enferma que se cuida, se entiende como alguien que se quiere; pero alguien "sano" que se cuida, ¿es considerado loco o exagerado?

¿Por qué no se respeta a aquella persona que ha decidido comenzar a cambiar hábitos alimenticios en lugar de alentarlo o animarlo, sólo se busca humillar, señalar o hacer sentir menos, con los famosos "no puedes" o "siempre vas a estar así"?

¿Por qué no se logra entender que el estar delgado o gordito no es sinónimo de salud o enfermedad?

Éstas son algunas de las interrogantes que circulan en mi mente, y que de manera personal, he sido cuestionado por el estilo de vida que he DECIDIDO llevar.

La gente presta atención en tantas cosas, pero descuida algo muy importante, lo único que nos acompaña a todos lados siempre, que es, nuestro CUERPO. Cuando éste empieza a fallar o tener ciertas complicaciones, es el momento para comenzar a darle mantenimiento. Algunos lo dejan pasar y otros, tomamos cartas en el asunto.

Pienso que sería mejor, el mantenimiento continuo, el cuidado y el respeto por uno mismo para que no surjan problemas en un futuro, o en su caso, prevenirlas y tratarlas a tiempo.

No sé, creo las cosas las estamos haciendo al revés o ¿qué piensas?

Te doy un consejo, recuerda que, si quieres comenzar a cuidarte, asegúrate de estar diagnosticado con algún padecimiento para que puedas hacerlo sin problemas.

"La primera riqueza, es la salud"

TÚ PUEDES CARAJO

Claro que puedes, repítelo, YO PUEDO...

Porque tienes el coraje de comenzar o retomar, a hacer cambios para tu bien; si ya sé que está difícil, que es complicado, que cuesta mucho trabajo. Y sí, cuesta muchísimo, (en palabras de mi abuelo, cuesta un chingo y un madral), porque el comenzar implica cambios, y muchas veces los cambios no nos gustan, pero siempre, recuerda la razón por la cual decidiste hacer ese cambio.

¿Quién va a preferir unas lechuguitas en lugar de una hamburguesa doble? ¡Quién!

El cambiar nos exige salir de nuestra zona de confort; realizar actividades que antes no hacíamos o corregir aquellas actividades que deben retornar al camino correcto.

¿Qué es mejor, 10 minutos haciendo alguna actividad física o, 10 minutos viendo contenido de alguna red social? La respuesta es obvia.

Para cambiar, es preciso dejar de lado ciertos entornos sociales, tal vez, hasta cambiar el círculo de amigos; porque tendrás de sobra (espero y leas bien), palabras y expresiones que busquen bloquear o impedir llegar a tu objetivo, malos consejos, golpes a tu autoestima, faltas de respeto, en fin, la lista sigue y sigue.

Rodéate de personas que te aprecien y, estén orgullosos por ti, por el proceso que estás llevando.

Por esos cambios (pequeños o grandes), pero que al final son cambios, y que en ti, se observa a una persona diferente, entusiasmada, con ganas de disfrutar la vida y recuerda que, cuando te sientas fatigado, sean ellos los que te den la mano para levantarte y continúes con tu proceso.

Claro que puedes (y podemos), porque al igual que tú, estoy en esa lucha constante, de resistirme a los antojitos, a los taquitos de la esquina, a unas garnachas, a los panes, a las golosinas, a un pozole, en fin; no estoy diciendo que no podamos comerlos, hay que aprender a cómo consumirlos y las porciones que se deben consumir.

Recuerda bien que, NO es dejar de comer, sino, APRENDER a comer y, comer MEJOR.

Es una lucha constante en la que tenemos que estar firmes (aunque no marchemos), para vencer a mi YO INTERIOR que desea volver al ayer.

Es mejorar a la persona que era, hace unos días, hace unos meses, hace unos años. El reto es contigo mismo, no es ser mejor que el vecino, que el amigo, que el compañero. Es dar día tras día la mejor versión de ti, y que no importa si caes, levántate y coge fuerzas, para intentarlo nuevamente.

¿POR QUÉ? Porque tú puedes carajo...

"Tu actitud,
no tu aptitud,
determinarán
tu altitud."

CUÍDATE

Puedo decirte, sin temor a equivocarme, que era una persona la cual, tenía (y a veces, vuelve a suceder) la mala costumbre de dejar su salud en los últimos lugares.

Podía estar sin problema, sacando trabajos y proyectos, pese a dormir sólo 2 o 3 horas durante una semana. Los desvelos no me pesaban, el mal pasarme en mis horas de comida y dejar pasar momentos importantes en familia, eran cosas que, no prestaba atención y hasta cierto punto, me daba igual.

Pensaba que, para poder cumplir tus sueños, debes de sacrificar cosas. Y esto no lo digo por cuenta propia. Infinidad de couches y líderes motivacionales o de emprendedores, hacen hincapié en lo que te comento. Por el ritmo tan ajetreado que llevaba, no le hacía caso a las señales que me lanzaba mi cuerpo, hasta que tuve que hacer un alto de manera forzada.

Lo que era un chequeo por un problema que tenía, fue el inicio de todo un caminar en el que se estaba manifestando mi cuerpo.

Como te comentaba, padezco una enfermedad llamada hipertiroidismo, en la cual, mi glándula de la tiroides, en resumidas cuentas, anda mal.

Cuando salió el diagnóstico, (aún sin que me cayera el veinte), pensé que era algo ligero como una gripa o una espinilla que te sale en el rostro. No era lo que pensaba. El diagnóstico sólo decía lo que mi cuerpo estaba padeciendo y yo, no lo pelaba. Cambios de humor, ansiedad, hambre desmedida, sueños, cansancios, insomnios, cambios de temperatura, son por mencionarte algunas de las situaciones que pasaban en mis días.

Había dos opciones por elegir, cambiar mi estilo y ritmo de vida que llevaba o, no prestar atención, seguir en mis andadas y dejar que empeorara, a tal grado de no poder realizar mis actividades.

Afortunadamente, me encontraba (y me encuentro) en una etapa temprana y podía controlarla con medicamentos, pero, sobre todo, mi alimentación y tener un estilo de vida saludable.

Dejar de hacer lo que me apasiona, no estaba (ni está) en mis planes de hacerlo, así que, pese a no querer hacer un alto en mi vida, tuve que hacerlo.

El ir teniendo encuentros con mi cuerpo, el escucharlo cuando me habla (y no hablo de algo de la quinta dimensión o de elevarse en un plano astral), estar en constante aprendizaje de él y darme cuenta que toda acción, conlleva una reacción.

Tal vez sólo me pasaba a mí (confío en que tú no seas tan idiota como yo y pases por estas situaciones) pero, cuando estaba en el trabajo, era tanta la presión, que a veces se me olvidaba realizar actividades de primera necesidad. Ir al baño, era una de ellas. Como resultado, llegué a tener dolores insoportables y, al acudir al doctor, el diagnóstico fue, infección en vías urinarias.

También en el trabajo, no eran pocas, las veces en que, debido al ajetreo del trabajo, el no comer, también formaba parte de mi día a día. Ayunos prolongados, mal comer o no disfrutar del comer porque no tenías un horario fijo y entraba un cliente justo en el momento en que le ibas a dar el primer bocado a tu comida, estaban presentes. El resultado de estas acciones, provocó tener gastritis y colitis, problemáticas que no se las deseo a nadie (bueno, tal vez a algunos), por lo incómodo que llegan a ser. Es curioso, porque estando en un lugar donde hay comida, era lo que se me olvidaba realizar, comer. Vaya ironía.

No tener el cuidado de los cambios de temperaturas en el cuerpo. Estar en un espacio caliente, con el cuerpo tibio, y salir al exterior sin nada de protección y sólo sentir como una frialdad recorre por todo tu cuerpo. No proteger nuestras manos, no sólo de cortadas, salpicaduras o quemaduras (en sus diferentes grados), hablo de esos cambios de caliente a frío, que, por la adrenalina del momento, no le prestamos atención, pero que, cuando comienza a pasar el tiempo, los dolores en nuestros huesos, articulaciones, se comienzan a hacer presentes.

En lo largo de mis años laborando en el rubro gastronómico, hay algo en lo que, (hasta hace poco) caí en cuenta que no cuidamos. Nuestros ojos.

A menos que una persona tenga alguna situación médica ocular o padezca alguna limitación de la vista, es como observarás a un trabajador con lentes.

Al tener ciertos problemas con mi visibilidad, ocasionada por el exceso de cuidados en mis ojos (claro está, que es sarcasmo), es como me percaté y comencé a usar lentes, no para mejorar la vista o algo por el estilo, son lentes de protección ocular. Te preguntarás, ¿cuáles son esos? Son todos estos lentes que sólo sirven para proteger nuestros ojos, pero que no tienen nada en especial, ni aumento, ni son polarizados, bifocales o algo en específico, sólo sirven para proteger.

Me ponía a pensar mucho, como estos lentes, son usados en actividades de construcción, pintura, carpintería y demás actividades, y me hacía la pregunta "¿a poco en la cocina no necesitamos proteger nuestros ojos? Cayendo en cuenta, descubrí que sí, pero lamentablemente, no lo hemos observado como tal. El vapor que entra a nuestros ojos, aceite hirviendo, el calor invisible al momento de abrir la puerta del horno y después abrir el congelador, entrando como primer contacto nuestros ojos. Todos estos cambios, nos van afectando nuestra vista. Con una mano cortada, con una quemada, alguna irritación (dependiendo del grado o intensidad) se puede seguir trabajando, pero sin vista, NO.

Conversando con mi especialista, y al hacerme mi historial clínico y percatarse a la profesión a la que me dedico, me platicaba que son contadas las personas que se dedican a la cocina, y buscan proteger sus ojos. Ella me decía, que se le hace extraño que, deberíamos de cuidar nuestros ojos, así como cuidamos nuestras manos. Desafortunadamente cuando acuden con ella, el daño ya es irreparable y le da tristeza, porque ese mal que tienen, se lo pudieron haber evitado (o reducido) con un poco de cuidados y prevención.

Dependiendo el oficio al que te dediques, tienes (y obligarte) que cuidar tu herramienta de trabajo. No esperes a que ya no haya remedio y te toque solamente asentir con la cabeza tu "destino". Destino del cual somos responsables, tú y yo, de irlo labrando día tras día.

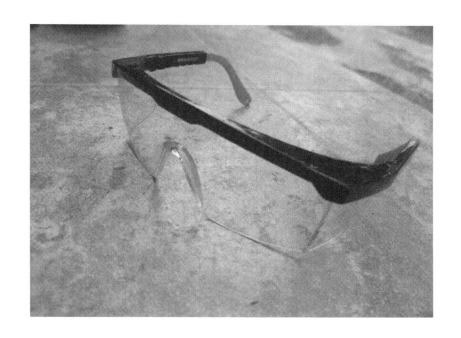

"La salud no lo es todo, pero sin ella, todo lo demás se convierte en nada"

VAMOS BIEN, PERO TODAVÍA FALTA

En constante meditar acerca de la vida, he tenido la fortuna de presenciar infinidad de cosas. Situaciones en las que, algunos lo verán de alguna manera, yo las veo de una manera diferente.

Por la educación que tuve, y que también he ido forjando, me fascina la idea de que los buenos somos más. Y no es algo utópico, realmente creo que las bondades en las personas sobrepasan a aquellas que quieren ver al mundo arder.

Hay situaciones en las que trato de dejar de lado, y centrarme a no utilizar el corazón, sino la razón. No es porque sea un cara dura, muerto en vida o un insensible, al contrario, por esa sensibilidad que siento y palpo, puedo escribirte lo siguiente.

No logro entender, el que existan personas que mueren de hambre en el mundo. Cuando en este mismo mundo, existen toneladas de desperdicio de comida, que aun estando en buen estado, se tiran a la basura. No lo entiendo, en serio. Somos responsables de la desigualdad que existe. Déjame te explico del porqué tenemos culpa (tú y yo) de esta situación.

Decimos que el comer es una necesidad, pero si realmente el hombre comiera por necesidad, no habría sobrepeso o desperdicio y comeríamos sólo, lo que nuestro cuerpo necesita.

Estamos conscientes del hambre que existe. No sólo en regiones de África o de las comunidades más alejadas de nuestro país. Desafortunadamente, lo tenemos visible en nuestro estado, ciudad, comunidad y hasta con el vecino. Nos damos la gran vida tirando comida que se nos echa a perder. Así es, comida que no compartiste y, se te ha echado a perder. De compartirla y regalarla, preferimos mejor que se pudra y que se tire.

Ya sé que dirás, que, uno siendo un simple mortal, ¿cómo puedo cambiar al mundo? Yo no estoy hablando de cambiar al mundo, hablo de hacer esos pequeños cambios, que ayudarán a cambiar el mundo.

Si piensas en construir una casa, no comienzas construyendo directamente la casa, comienzas primero con un ladrillo, después otro ladrillo, hasta que tienes una pared, después continúas con más ladrillos hasta tener otra pared, y ya teniendo varias paredes, puedes poner el techo. Las pequeñas acciones, hacen grandes cambios.

Quiero que entiendas, que, si no aportas, mínimo no contribuyas a que el problema se gestione más grande. Cuando compras en exceso o en demasía y, no distribuyes correctamente, déjame decirte que estás siendo parte del problema.

Tú y yo podemos (y debemos) hacer el cambio, comprando lo justo y compartiendo, lo que lleguemos a tener extra. Te esclarezco, no te estoy hablando como orador motivacional ni ninguna de esas chingaderas, sólo quiero que pienses, lo único, pensar. Una vez pensando, tengas la oportunidad de tomar una decisión.
He tenido ciertos encuentros en que, las personas no han quedado muy gustosas con mi presencia, que más con mi presencia, es por lo que se suscita durante la conversación.
Soy una persona apolítica, que entiende perfectamente su importancia (de la política) en nuestra sociedad, pero que desafortunadamente, por el maldito hambre del dinero y otros intereses egoístas, se ve distorsionada y fracturada y, la etiquetemos como algo malo y corrupto, cuando en su esencia, ese no era el plan.
Pude cocinar para el gobernador, que más que decirlo como presunción, es que, viene al tema. Él fue atendido de manera especial, al igual que cualquier persona que llega a Healthy. Lo que quiero aclararte es que, no porque sea el gobernador, iba a tener un trato preferencial, él y cualquiera de sus achichincles. No. Era un cliente más.

Otros candidatos, se han querido acercar a su servidor, exponiendo sus temas de campaña, propuestas y demás actividades a realizar, para que me sume y les otorgue mi "apoyo". Si algo me caga, es el realizar actividades altruistas, y valerte de eso, para demostrar, tu bondad y apoyo a la gente, con fotos, videos y publicaciones en las diferentes redes sociales. Cuando comienzas a hacer público estas actividades, sólo pones en evidencia tu poca calidad de persona y el hambre que tienes por llegar al dinero fácil y gratis, perdón, a un cargo público.

En cierta ocasión, siendo temporada de campaña en busca de la presidencia local, se acercaron buscando mi apoyo. El candidato en cuestión, se acercaba junto con todos sus paleros y, me invitaban a formar parte de su equipo. De antemano, yo ya había visto que, de buenas a primeras, comenzó a aparecer en las redes sociales, exhibiendo o poniendo por lo alto, todo el "apoyo" y "ayuda" que hace por la comunidad. Se me hacía extraño que sólo en temporada de campaña, aparecía su ayuda, mientras no. Es más, ni de la existencia del candidato tenía conocimiento.

Cuando fue el encuentro con el candidato y los paleros, me hicieron el comentario acerca de, cómo veía las propuestas, qué si tenía alguna pregunta hacia el candidato, que gustoso iba a responderme. Viendo que tenía la oportunidad de realizar una pregunta, sin problemas la realicé. La pregunta que realicé fue la siguiente:

- ¿Es necesario tener un cargo público, para comenzar a ayudar a la gente?

La sonrisa del candidato se tornó nerviosa, y en su mirada se logró notar con cierta molestia, porque sabía que lo había puesto en evidencia.

Si su respuesta era un sí, se dejaba en claro, el hambre que tenía por llegar a un puesto. Si la respuesta era un no, entonces, qué necesidad de andar buscando algún puesto.

Tanto tú, como yo, sabemos muy bien que, una persona que va a ayudar, lo hará tenga un puesto o no, tenga en frente una cámara o no, se publique o no en las redes sociales. Uno ayuda, sin buscar esa fama o reconocimiento, y si piensas lo contrario, creo que no estamos en la misma sintonía y lo siento mucho por ti.

El momento se tornó incómodo (para el candidato), y sin darme respuesta, sólo me dijo que me dejaba un folleto con las propuestas, que las analizara y que estaría encantado de contar con mi apoyo en su candidatura.

Siendo un país tan rico, hermoso y con una diversidad en todos los sentidos, vemos que hay un factor que tristemente se ha mantenido y por lo cual, no nos deja florecer como potencia. La CORRUPCIÓN. No voy a entrar en ese tema a fondo, porque no es el camino por el cual quiero dirigirlo. Hablo de ella (la corrupción), porque si no fuera por esta, los recursos destinados para diferentes actividades, fundaciones o proyectos, se realizarían adecuadamente y nuestra calidad de vida sería mejor. Y desafortunadamente, donde se hace más palpable, es en la política. Aunque, en cada uno de nosotros, está el querer combatirla también. Por ejemplo, no des u ofrezcas, ni tampoco recibas (sabes a lo que me refiero).

Cuando me invitan a movimientos o actividades altruistas (que realmente lo son), estoy más que apuntado, y cuentan con mi apoyo. Ya sea desde el patrocinar con algo, o formar parte directamente con el equipo.

Hay un grupo que me marcó mucho (cada participación es totalmente única y se guarda con mucho regocijo en el corazón, pero siempre hay algunas que te marcan más que otras), enfocada a cumplir sueños en niños que padecen cáncer. Los conocí por medio del internet, por una invitación que me hicieron, llamé para tener mayor información acerca del proyecto y, teniendo la información, decidí formar parte.

Realmente, la idea de ayudar a esos pequeños a cumplir sus sueños (con esa ilusión infantil que tienen y que es tan hermosa), y hacerles disfrutar de un día inolvidable y espectacular, que les servirá como impulso para cuando tengan que continuar con su tratamiento de quimioterapias, se me hacía fabuloso.

Estuvimos llevando a cabo algunas capacitaciones, esto, porque al ser niños con padecimientos, se deben de tener ciertos cuidados. Disculpa si sueno crudo, pero si una persona mayor tiene cáncer, no me moverá tanto el corazón, como lo provoca un pequeño con el mismo padecimiento. No porque valgan menos, sino, porque en la mayoría de los casos, una persona adulta, tiene cáncer como resultado del estilo de vida que ha llevado, cosa que en un pequeño (hasta la fecha) no se tiene con certeza, cómo se origina esa maldita enfermedad, y que, sólo se tiene tratamiento.

Cuando se desarrolla la planeación para cumplir el deseo, me llamó mucho la atención, que, aunque los doctores comentan que los pequeños pueden comer de todo (salvo algunas excepciones, dependiendo del estado de salud del pequeño), no se cuidaba lo que iban a consumir los niños. Para mí era interesante y me causaba mucho ruido, porque al ser, un padecimiento como el cáncer, buscas ayudar a que las cosas no empeoren más. En primera, porque el alimento le fuera a caer pesado o le hiciera daño y, en segunda, porque hay alimentos que consumidos en exceso o por la cantidad de aditivos que contienen, detonan en el desarrollo de cáncer en el cuerpo. Para mí era, como si a una persona enferma de cáncer pulmonar, le estés dando cigarrillos o tabacos. Yo sabía muy bien que un correcto alimento, puede ayudar en cualquier tratamiento.

No voy a menospreciar la labor que realizan este tipo de proyectos, como el de muchos otros. La labor que se realiza, es muy humana. Pero creo, que hay otros detalles que se pueden tomar en cuenta para apoyar en todos los sentidos, las diferentes actividades altruistas que se realizan.

Creo que como sociedad se va avanzando poco a poco, falta mucho por recorrer y por ir puliendo, para que se logre de manera real ese sueño de estar en un lugar mejor.

La idea de pensar en sólo vivir y no pensar en lo que puedes dejar mañana, se me hace un acto de lo más egoísta. Creo que la sombra que disfrutamos de algún árbol, alguien lo sembró y ahora tu disfrutas de ella, así como los frutos que este pueda dar.

No pensar en lo que podemos aportar por el mañana, nos hace quedarnos en lo inmediato. Cosa que no está libre de disfrutarse, pero sí, el de buscar compartir (o tal vez no) el día de mañana los frutos, de lo que hoy se siembre.

Realizar una hermosa cadena, en donde se deja de lado el egoísmo y se piensa en el bien común. Vamos bien, pero todavía nos falta.

> *". "Sé parte de la solución, no de la contaminación".*

NO CONFUNDAS

"El sol sale para todos", es un dicho que he escuchado, y que trato de aterrizarlo en mi mente, para darme cuenta, que todos los días, trabajo habrá para todos.

No me gusta decir que tenemos competencia (no porque seamos unos chingones, bueno, sí somos chingones, pero no lo digo por eso) porque el cliente tiene la oportunidad de elegir hacia dónde va a dirigirse y, como lo dije al principio, el sol sale para todos.

Me da enorme gusto, el que las personas (sea por moda o no), comiencen a prestar atención a su alimentación y quieran un poco más su cuerpo, cuidándolo. Hay situaciones en las que se debe de tener mucho cuidado, a la hora de consumir algo, porque no todo es como lo pintan. Te iré desglosando para que vayas entendiendo a lo que me refiero.

El que exista mayor demanda de productos saludables, hace que cualquiera, de acuerdo a lo que piense o la idea que tiene, de lo que es saludable, se pueda ofrecer como tal.

Me da mucho miedo, el que la gente piense que eso es saludable, y sólo se le está dando gato por liebre. Lo digo porque he visto personas que ofrecen papas fritas saludables o cortes asados, que realmente son fritos.

¿Con qué autoridad puedo decir qué si es o no es saludable?

Bueno, algo que he ido entendiendo, es que no podemos ocupar un lugar para el cual, no estamos capacitados o tomarlo a la ligera. Healthy Café, tiene como base la gastronomía saludable, el cual es conformada por un equipo, una nutrióloga (quien se encarga de poner todo en orden en cuestión de lo saludable) y un gastrónomo (quien se encarga de ponerle su toque, para que todo sea apetitoso y el cliente disfrute lo que come). Lo que quiero decir es que, yo no me voy a poner en el lugar de la nutrióloga, porque NO lo soy.

El que yo tenga unas bases de nutrición, eso no me da lugar a que yo me considere un nutriólogo, y viceversa con el caso de ella. Cada uno aporta, desde lo suyo, para hacer un hermoso equipo. Por estas bases, es que puedo decirte qué si es, y qué no es saludable. Y desafortunadamente, se le está vendiendo una imagen errónea, o se le da una mala experiencia al cliente, y después tenga problemas para disfrutar de una verdadera comida saludable.

Lo hablo porque, muchos piensan que por hacer un poco de ejercicio y tener un cuerpo cuidado, ya se sienten con toda la autoridad de dar planes de alimentación a la ligera. Y es de preocuparse, porque cada persona tiene un metabolismo totalmente diferente, y en muchas de las ocasiones, en lugar de ayudar, sólo perjudican el estado de salud de las personas. Tristemente se van por la imagen (un chico mamado o un culo bonito), en lugar de irse con profesionales que los puedan atender y evaluar correctamente.

Los que conocen Healthy y han disfrutado de nuestra gastronomía saludable, saben muy bien, que nosotros no nos catalogamos como vegetarianos o veganos. Tenemos opciones, pero no es el tipo de cocina que manejamos. Es bueno ayudar a las personas a entender que, el que una cocina sea vegana o vegetariana, no precisamente es sinónimo de saludable. Entiendo perfectamente esos dos tipos de tendencias. De manera personal, para mí es imposible que me anexe a cualquiera de esos dos (vegetarianismo o veganismo), realmente disfruto de las proteínas animales y de sus derivados. De hecho, muchos piensan que, porque me dedico a la cocina saludable, soy vegetariano o vegano, de tal modo que, han hecho expresiones o comentarios en donde se sorprenden cuando me ven comer carne. Lo siento, pero no podría. Otro dato que se debe de aclarar es que, de nada sirve que comas puras lechugas o ensaladas, si no cuidas tus porciones y la calidad de los alimentos que consumes.

De las cosas que también me asustan, son los productos que tienen la siguiente leyenda:

"Este producto es responsabilidad de quien lo usa y de quien lo recomienda".

Me imagino que lo has visto en muchísimos productos, desde algunos "medicamentos", hasta en cualquier empaque que sirve para elaborar un licuado o batido por medio del uso de polvos, sea de la marca que sea. Te digo que me asustan, porque estas empresas, son tan hijas de puta, porque no se hacen responsables del producto que sacan a la venta. Si yo, vendo un producto el cual generó alguna alergia o desarrolló algún malestar, me tengo que hacer responsable por mi producto. Cosa que, con esa leyenda puesta en sus productos, ellos se lavan las manos.

Podrán decir que es muy buen producto, el mejor de todos, nuestra compañía los respalda, veinte mil estudios nos avalan, pero si te pasa algo, es muy tu pedo, a nosotros no nos metas en tu chisme. Lo que yo leo en esa leyenda es, "es muy tu pedo si te tomas esto, ya sea por tu cuenta o recomendado, yo no me hago responsable".

Hablando de las empresas, déjame decirte que, si piensas que una empresa comercial, está buscando tu bienestar, lo siento por romper tu burbuja, pero no es así, no busca tú bienestar, sino SU bienestar. Y te diré por qué.

Espero y tengas la costumbre (y si no, adquieras ese bonito hábito) de leer los ingredientes en las etiquetas de los productos que vas a comprar.

Si tú vas a comprar un producto que es natural (que no tiene sabor añadido), no esperas leer entre sus ingredientes, azúcar. Digo, si yo quiero un producto natural, eso espero comprar, algo natural. Es curioso, como en algunos productos, por ejemplo, el yogur, además de la presentación de venta de yogur natural, tienen otra presentación que es natural "sin azúcar añadida".

Entonces deja a uno pensando acerca de que, el natural, ¿no es natural? o, ¿por qué le agregan azúcar a algo natural? Bueno, recuerda que las empresas lo que quieren es vender, les vale madre si te hace daño o no, ellos quieren vender, y para que algo guste al público debe de saber dulce, y por eso agregan azúcar. En la mayoría de los productos, van a contener azúcar, incluso los que dicen estar libres de azúcar. Existen más de 50 nombres con los que se le puede llamar al azúcar sin referirse a esta como azúcar, así que, no te extrañe encontrar maltitol, jarabes y otros nombres, en productos 0% azúcar.

También hay que tener mucho cuidado con los productos que están en un auge despuntando (gracias a la mercadotecnia). Me atrevo a decir, que nosotros somos mucho de modas. Me acuerdo cuando se hablaba del noni, todo mundo quería consumirlo (de hecho, mi abuelito sembró varios árboles en su casa), pasando un tiempo, se dejó de lado.

Después estuvo en apogeo el ním, lo cual, sucedió lo mismo. Así ha ido sucediendo con los productos, como las semillas de moringa, los productos libres de gluten, sin lactosas, kosher, y ahora, tenemos a los super alimentos y los orgánicos. Estos productos han encarecido su precio de venta por los cielos y, de acuerdo a estudios, muchos de estos, NO son orgánicos, a pesar de qué en su etiqueta, sí lo diga.

Recuerda que la magia del dinero en la mercadotecnia, puede hacer muchísimas cosas. Un producto orgánico, no es más o menos saludable, realmente es por el proceso que lleva en que se cataloga dentro de esta área, pero nutrimentalmente, siguen conteniendo lo mismo.

Lo que quiero darte a conocer, presentando estas situaciones, es que, puedas tener en tus manos la decisión de que, de una manera consciente, elijas o no, algún tipo de servicio o producto, siempre buscando lo mejor que a ti, te convenga y satisfaga tu necesidad.

> "El precio de la grandeza, es la responsabilidad"

LA ETERNA DUALIDAD

En diversos escritos, como en la vida misma, podemos encontrar siempre, dos partes. Blanco y negro, arriba y abajo, sol y luna, bueno y malo, luz y oscuridad o, izquierda y derecha. En la dualidad en que nos vamos a enfocar será, empleado y empleador.

Siempre existirán dos lados de la moneda. He llegado a estar en el centro de una discusión, y me gusta escuchar las dos partes antes de inclinarme hacia alguna de las dos posturas. Siempre dando la razón a quien la tiene, y no dejarme llevar sólo por una amistad o conveniencia. Todos en algún momento hemos sido empleados, sea del trabajo que fuese. Para adquirir la experiencia en algún trabajo, debes primero realizarlo "n" cantidad de veces para perfeccionarlo. En la cocina así es, ensayo y error, además de la capacitación constante.

Tengo la fortuna de haber participado en las dos partes de esta dualidad, he sido empleado y por el momento, me toca ser empleador. Cuando escucho a personas hablar de que sus jefes, sus patrones o quien tienen a cargo, es un hijo de la chingada, trato de conocer que hay en el trasfondo de la situación, antes de coincidir si es una persona nefasta su patrón o no.

Conozco personas que, si faltan al trabajo, no quieren que se les descuente el día. Y no necesariamente por algún tipo de enfermedad, sino por algún convivio que se tiene de algún familiar o amanecieron con resaca (crudos) por una fiesta de la noche anterior, y no están en la mejor disposición para laborar. Sencillo, si faltas, y esa falta no fue por alguna cuestión médica, no te lo voy a pagar. Te hago esta misma pregunta ¿le pagarías a alguien que no vino a trabajar? Claro que no, ¿verdad?

En algunos trabajos, se dice que son exagerados, porque hasta si algún familiar fallece, se pide que se lleve la copia del acta de defunción, para hacer válida la justificación de su falta.

Al principio yo pensaba de la misma manera, pero cuando estás del otro lado de la moneda, te das cuenta que, esa acción que se pide, es porque hay personas tan hijos de la chingada que se han querido pasar de vivos con la confianza que les brinda el patrón. Y te platicaré de una anécdota, que la recuerdo muy bien.

Un colega del rubro, siendo él, dueño del establecimiento, vio que uno de sus trabajadores, había faltado por dos días seguidos a su trabajo. A él se le hizo extraño y, al comunicarse con él para saber la situación o motivo de su falta, el trabajador le comentó que había fallecido un familiar, y que, por eso, no había podido ir al trabajo, por andar a las vueltas y checando varias cosas (ya sabes que hasta para morir, necesitas dinero y tener en cuenta todos los movimientos que se van a generar a consecuencia del fallecimiento). Mi amigo, después de dialogar con su trabajador y siendo consciente de la situación, toma la decisión de irlo a visitar (sin avisarle) y, de manera personal, ofrecer su ayuda en lo que pudiera necesitar con esta situación tan lamentable.

Él, se dio a la tarea de investigar dónde vivía el trabajador, y en esa misma noche acudió con un arreglo floral (realmente no entiendo por qué se tiene esa costumbre de llevar flores a algún fallecido, pero bueno, no es el tema) al domicilio del susodicho.

Al llegar al domicilio, se llevó la gran sorpresa de que no había ningún rastro de que se haya llevado a cabo algún funeral. Lo que había, eran muestras de fiesta, que hasta ese momento en que llegó mi amigo al lugar, seguía de manera activa. Cuando llegó, todo desorientado, y preguntando por su trabajador, al salir este al encuentro con su patrón, se quedó mudo, no sabía qué hacer y buscaba esconder la cabeza o que se lo tragara la tierra. Mi colega lo único que realizó, fue decir "nos vemos mañana en el trabajo".

Ya te imaginarás como se habrá sentido, no sólo enojo, frustración o estar bien encabronado, era más la decepción, tristeza y hasta un poco de lástima, porque jugar con la vida de las personas, decir que había fallecido un familiar para solapar su falta de responsabilidad y continuar en el ambiente festivo, te hace sentir un poco de lástima por el sujeto. El joven ya no regresó, creo que la vergüenza y pena, no lo dejaba estar tranquilo, así que decidió mejor, buscar otro trabajo.

Dialogando con mi colega, me hacía esa pregunta ¿cómo puedo confiar en mis trabajadores, si cuando les brindas la confianza, abusan, te quieren ver la cara de pendejo?, son interrogantes qué como patrón, nos vamos haciendo y tratamos de asimilar.

Siempre he tratado de buscar el trasfondo de alguna situación, incluso, cuando soy afectado, trato de que lo bestia no se apodere de mí y actúe por impulso animal.

Hay situaciones que, como empleador, esperas (y deseas) que nunca te sucedan. El que te roben, es una de ellas. Créeme que, ha sido de las situaciones más complicadas en las que me ha tocado vivir.

En Healthy, siempre hemos buscado el formar una familia laboral, no sólo llegar al trabajo, realizar lo tuyo y ya. No. Tratamos de cuidarnos entre todos y de, alguna manera, apoyarnos, ya que somos un equipo. Si el barco sale a flote, todos ganamos, y si el barco se hunde, vamos todos parejo.

Cuando se presenta esta situación, y tener la certeza que efectivamente, estábamos siento robados, antes de enchilarme la cabeza y mandar a la persona a la chingada definitivamente, traté de interiorizar y darle la opción de la duda, saber el motivo por el cual, había realizado tal acción. Tal vez, la estaba pasando mal económicamente, tuvo algún percance familiar y necesitaba dinero, o se había endrogado en alguna tienda departamental y le fallaron las cuentas, no lo sé, quería primero darle la oportunidad de hablar y exponer su situación.

No era fácil para mí, aterrizar lo que estaba sucediendo, nunca, y repito, NUNCA, tienes en tu mente el poner un establecimiento, con el sueño o la ilusión de que te van a robar.

Tratas de anteponer siempre lo mejor de tu equipo. Cuando se da el momento de encarar a la persona, como siempre, lo primero fue la negación. Dando oportunidad de enmendar su respuesta y ver la negativa con que continuaba, se presentaron las pruebas a lo cual, ya no tuvo más que aceptar.

Al hacerle el cuestionamiento del motivo por el cual había realizado dicha acción, su única respuesta fue "no sé". Viendo que, en la conversación, sólo estaba queriendo agarrar a uno de pendejo, no tuve más que decirle, "¿sabes la consecuencia que acarrea este tipo de actos?", ella de una manera triste, asintió con la cabeza. Así que, en ese momento, se agradeció el tiempo en que había laborado, pero que no iba a regresar a laborar con nosotros. Para mí no era la cantidad lo que importaba, era la acción y que, si lo dejaba pasar, iba a ser un claro mensaje para mis demás trabajadores.

La primera vez que me tocó despedir o correr a alguien, tampoco estuvo exento de hacerme sentir incómodo o generar ruido en mi interior. Considero que a veces es prudente, ponerte en la posición del otro. Todo trabajo es importantísimo, pero no todos estamos capacitados o tenemos las habilidades que se requieren, por más que lo quieras y te prepares, nada más, no la vas a armar en ese trabajo.

Me pongo de ejemplo, yo no podría laborar siendo educador de preescolar o kínder. Aunque me dieran una plaza, no podría dedicar mi vida a eso, ya que mi paciencia con los pequeños, es muy corta y limitada, además de que, no tendría los conocimientos y herramientas para el desarrollo de esos pequeños, en lugar de ayudar, perjudicaría. Así sucede en muchos casos, en especial en la cocina. Amistades que han querido dedicarse a esto, pero por más que lo intentan, no es lo suyo.

Durante el proceso de reclutamiento para formar parte del equipo de Healthy Café, los candidatos, pasan por unas semanas de prueba, que sirve para 3 cosas:

- Capacitar al aspirante
- Que el aspirante vea y se dé cuenta si le gusta.
- Darnos cuenta, si el candidato es buena opción para el puesto de trabajo solicitado.

En este caso las dos partes deben de estar de acuerdo. Hay candidatos que desempeñan de manera efectiva su trabajo, aprenden rápido y tienen esa iniciativa para trabajar, pero, que se dan cuenta, que esto no es lo suyo y declinan. Acción que es totalmente válida.

Del otro lado tenemos que, la persona sí quiere pertenecer al equipo, pero que su desempeño, deja mucho que desear. Así que, con la pena, se les dice que no. Esto ha ayudado a formar un buen equipo de trabajo entre nosotros.

La primera vez que tuve que decir que no, se suscitaron situaciones que le fueron agregando ese extra a la situación. El candidato requería del dinero, estaba en trámites para entrar a estudiar, así que, ese dinero le iba a ayudar bastante en sus estudios.

La actitud y atención con los clientes era buena, pero la retención de la información, no era lo suyo. El candidato tenía cualidades y debilidades y que analizando muy bien, sabía que tenía buenas herramientas para trabajar, tal vez para la cocina no, pero para otro puesto de trabajo, sí.

Cuando se presentó el momento de darle la negativa para formar parte del equipo, buscaba encontrar las palabras correctas para animarlo a buscar otro trabajo en donde pudiera desarrollarse mucho mejor. Yo vengo de la vieja escuela en donde era muy fácil el pendejearte y mandarte a la chingada si para algo no servías, y te lo decían textualmente, "¡no sirves!, búscate otra cosa".

Hemos buscado el cortar con esa mala cadena e implementar en su lugar, otras mejores. Al momento de ir escuchando nuestra parte, el postulante al empleo, se le comenzaron a tornarse vidriosos sus ojos y unas lágrimas comenzaron a recorrer su mejilla (todo esto, antes de que le dijéramos que no), al ir observando al aspirante, un nudo se me iba formando en la garganta que imposibilitaba poco a poco mi habla.

Respirando profundamente y tranquilizando mi cuerpo, fue como pude decirle esas palabras que, si estuviera en su lugar, las quisiera escuchar. Creo que dijimos lo correcto, porque hasta la fecha, nos visita y nos saluda cordialmente, y creo que entendió también, que ese trabajo, no era lo suyo.

Siempre la primera vez, es lo más complicado. Ya pasando el primero, con toda tranquilidad puedo llamarle la atención a alguien y, de seguir con ese tipo de actitud, puedo retirarlo de nuestro equipo.

Cuando veas que en algún trabajo (o en tu mismo trabajo) se pongan de mamones o de exigentes por ciertas situaciones, recuerda que hay una historia detrás, que eso ocasionó lo que se suscita en tu actualidad. Tal vez tu no fuiste el responsable de esos actos, pero ahora, te toca el vivir las consecuencias.

A los buenos empleados, me pongo de pie y les aplaudo, aquellos que tienen esa correcta iniciativa y buscan cuidar el negocio que les está dando de comer.

Para aquellos que sólo buscan generar discusión en un área laboral, la vida los irá amargando más de lo que ya están. Esos que se molestan porque les llames la atención por estar todo el santo día pegados al celular, hacer sus actividades de mala gana o traer desde que inicia la jornada, un cuerpo quejumbroso y que sólo contagia la apatía con sus compañeros. A ellos, que la vida les multiplique todo aquello que desean a los demás.

> *"Antes de dar tu punto de vista, recuerda que la moneda tiene dos lados."*

TODO APORTA

Si eres alguien que está rondando debajo de las dos décadas de vida, confío en que te ayude lo que vas a leer. Si ya eres un poco mayor, confirmarás lo que aquí escribo, y de paso, también te ayudará a recordar un poco tu vida.

El tiempo se nos pasa rápido, sonará extraño, pero es en un abrir y cerrar de ojos. Y creo que, mientras más crecemos, más rápido se nos pasa la vida. El tiempo va a pasar, jamás se va a detener, ni un solo segundo, el detalle es saber que ese tiempo lo estamos viviendo y aprendiendo.

Déjame decirte que, en su momento, nunca pensé que, los trabajos en los que he laborado, me iban a servir para en un futuro, en algún momento de mi vida.

Pertenecí a una comparsa salsera en donde fui bailarín en los eventos de carnaval, lo cual me hizo darme cuenta de todo el espectáculo que sucede detrás de iniciar algún paseo o desfile. Conocer que no es sólo ponerse a bailar, sino que hay toda una logística detrás, para que se lleve a cabo un buen evento. Acomodo de comparsas, carros alegóricos, artistas y famosas, y sin dejar de lado a las edecanes y promotoras. Todo llevaba un orden.

Trabajé también en una desarrolladora de eventos y, fui lo que se conoce como un IBM (y veme a traer esto, y veme a traer el otro). Pasando por ser quien conectaba todo el equipo de sonido, a ser el cargador de bocinas, estructuras y demás; también siendo musicalizador (algunos le llaman DJ), realmente yo sólo ponía música y mi meta era que, la gente pasara un rato agradable, ya sea bailando o sólo moviendo la cabeza mientras disfrutaba de la música. Estuve de manera directa como animador en las fiestas, y también usando botargas en los eventos.

Desde la primera vez que usé una botarga, mi admiración y respeto para todos aquellos que trabajan dentro de una, se hizo latente.

También estuve laborando como lavaloza en eventos nocturnos. No cocinaba, sólo iba a lavar torres y torres de platos y a dejar las cocinas impecables. Son algunas de las actividades en que he laborado.

¿Por qué te menciono esto? Ya verás.

Sin pensar que cada una de esas habilidades observadas o aprendidas que tuve en mis trabajos (que como verás, muchos no tienen nada que ver con lo que me dedico hoy en día), me sirvieron para dar solución a la problemática que se me presentaba en algún momento dado.

Planeamos el realizar un evento de día de las madres. Un evento donde se les chiqueara y apapachara de una manera especial, sin que se volviera repetitivo como algún festival escolar. Fue un evento totalmente gratuito para ellas y toda la logística que debía de haber detrás de ese evento, fue llevada a cabo por nosotros.

Claro que, estuvimos tocando puertas, algunas se abrieron, otras de plano te las cerraban en la cara, pero ir agarrando lo bueno de cada persona, hizo que se tuviera un evento hermoso (no lo digo yo, esos eran los comentarios de las mamás asistentes). Resulta que el día del evento, quien había patrocinado todo el sistema de audio y video, tuvo algunos detalles laborales que le imposibilitaban el poder ir a instalar su equipo en el evento de las madres. Sin pensarlo dos veces, le dije que no se preocupara, que yo podía instalar todo ese sistema de audio, junto con las estructuras, checar audio, ecualizar sonidos y dejar todo preparado para el momento de iniciar el evento.

Conozco de viva mano, de compañeros que querían presentarse frente a centenares de personas (ellos decían que era para enseñar o dar charlas, yo creo que querían que los admiraran y aplaudieran), para su sorpresa, no podían presentar un proyecto frente a diez personas. Yo les platicaba que, si no podían con diez, menos iban a poder hacerlo frente a cientos o miles de personas. Su servidor que ya tenía experiencia estando al frente de personas, se le hacía fácil el presentar o pararse frente a cien personas. Aunque no lo creas, pero al estar frente a un auditorio, impone y si te dejas, te va a bloquear la mente.

Muchas situaciones que de pequeños vivimos, jamás pensamos en algún momento verlo logrado. Te platico de dos experiencias que me hacen sonreír y recordar, que todo esfuerzo tiene su recompensa.

Tengo familiares del otro lado (en los EUA) que tengo poca comunicación con ellos, pero que estamos al pendiente de lo que sucede uno del otro. En cierta ocasión, por medio del uso de las redes sociales, presentaba un pastel que tenía a la venta. De manera cómica me escribía que le mandara uno. Yo respondía que pronto, aunque sinceramente sabía de antemano que, esa posibilidad no era viable, ya que, nuestros postres no contienen ningún tipo de conservador o aditivo, por lo que, antes de que llegue a su destino (y más siendo hasta otro país) ya se habría echado a perder. A los inicios de ir escribiendo el libro que lees, pasó por mi mente esa conversación y darme cuenta de lo maravillosa que es la vida. Tal vez un pastel no va a llegar, pero sí un libro. Gracias a la tecnología, este libro se va a poder encontrar a nivel mundial.

He cruzado fronteras, no como lo tenía pensado, pero lo he hecho.

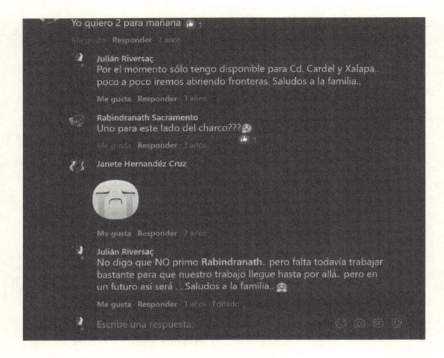

Otra experiencia que te platico, es más antigua que la anterior mencionada. Fue el primer libro que me regalaron y que me tomó 13 años el poder terminarlo.

Realmente mi amor por la lectura era muy escaso o, casi nula. Así que, para poder terminar ese libro, lo tenía que releer varias veces, ya que, le daba demasiadas largas y cuando retomaba la lectura del libro, se me olvidaba de qué trataba.

Lo curioso de esto que te platico es la descripción en la portada del libro que atesoro y que con gusto te comparto. Tantos años después, sólo sonrío por lo bella que es la vida.

Sabes, amigo lector, no pongas todo en un saco roto. Todo aquello que estás aprendiendo o donde estás trabajando, que puede ser algo totalmente diferente a lo que te quieres dedicar, en algún momento de la vida te va a servir. Ese será el momento de agradecer lo aprendido.

> 17 Octubre 2003
>
> Juliancito
>
> Que este librito sea para ti una puerta que te permita la entrada para que te inicies en el gusto por la lectura, ¿quién sabe? y el día de mañana, podamos tener en la familia a un gran escritor, a un famoso cuentista, un magnífico poeta o tal vez a un famoso científico, o si no, a un gran y hermoso ser humano.
>
> Tus tíos que te aman.
>
> Letty y Oscar

"Por muy insignificante que parezca, todo aporta".

AGUANTA UN POCO MÁS

"El camino por tus sueños, es de aguante, no de velocidad". Es una frase que leí en algún libro que reposaba en la parte superior de la cómoda de mi abuela. Esa y otras frases más traía el libro, pero de esta frase, es la que recuerdo más.

¿Cómo poder describir a la vida?

Creo que cada uno tendrá su percepción acerca de qué es la vida, y acerca de, si es buena o mala. O tal vez, en algún punto, llegue a pasarnos desapercibida.

¿Qué te puedo compartir que te ayude en tu vida?

Bueno, puede ser mucho o poco, no lo sé. Lo que sí será, es que, es de manera sincera y compartiendo vivencias personales (como lo ha sido casi todo el libro que has leído).

La vida es muy cabrona. Te da de golpes en la cara, te mueve, te hace frágil, te puede pisotear, pero también, te hace disfrutar de momento maravillosos, estando acompañados o no.

Como primer dato, debes adquirir confianza en lo que tú sabes que sabes. Sí.

Existe una línea muy delgada entre ser confiado y ser creído. La diferencia está en qué en una, sabes que puedes aprender más, y en la otra, crees sabértelas todas y no necesitas aprender más.

Habrá gente que se encargará de hacer mierda en lo que, tal vez, tú amas o te dedicas. Te lo platico porque a mí me pasó. Siendo una persona que sabía lo que hacía, dejaba que otros influyeran en mí e hicieran comentarios que afectaban mi desempeño.

Haciendo que actividades o preparaciones sencillas, para mí se volvieran complejas o sencillamente, buscara el no realizarlas más. Expresiones como "hay que buscar a qué te puedes dedicar, porque a la cocina, no eres bueno", "dedícate a algo que sí te deje dinero" o, "búscate algo estable, algo seguro", eran mi pan de cada día, y que, cada vez que me las decían, era un fuego en el interior, que me hacía querer callar bocas con mi trabajo.

Tener que dejar ese espacio laboral que me encantaba, porque me hacía caer en un problema interno en el que, valía madres todo lo que sabía o aprendía. La inseguridad que me provocaban, no me dejaban estar a gusto en algo que amo hacer, como lo es cocinar.

Así que, entiende de una vez que, en la vida te encontrarás con personas que disfrutan lo que hacen, y hay otras que buscarán que odies lo que ellos odien, aunque tú lo disfrutes. Yo te aplaudo y te felicito por eso que has logrado, créeme, no es necesario que otros lo entiendan, porque no lo van a entender, hasta que estén de este lado de la moneda.

Tener un proyecto en mente que por muy pequeño que parezca, para ti es importante y te hará sudar y trabajar como no tienes idea, haciendo pasar por tu mente la idea acerca de si lo que estás haciendo, vale la pena. Si algo tiene un cocinero, además del olor a comida impregnado en su ropa de trabajo, es la pasión que tiene (o debería) al momento de realizar un pedido.

Acércate a estas personas de las que puedes aprender y compartir vida, y de las otras, si no te es posible alejarte de ellas, ignóralas, o sólo dales por su lado, para que te dejen tranquilo.

Todo sueño que tengas, es algo maravilloso y puede cambiar al mundo de una manera tan positiva, como no te lo imaginas. Pero tampoco te imaginas, todo el desmadre que se dará por querer cumplir ese sueño.

Porque en los sueños, no todos son bonitos, también en nuestros sueños, tenemos pesadillas. Se te cerrarán puertas, te ignorarán, te desvelarás, te tomarán por loco, te humillarán, te encontrarás sólo. Mucha gente no comprende todo lo que sucede del otro lado, para ir viendo tu sueño realizarse.

No te preocupes, la familia serán los primeros en darte puñaladas por la espalda. Y en serio, que culero se siente el saber qué con tu gente, tu familia, no cuentas con ese apoyo. Aunque no comparten tu sueño, mínimo buscas que, muestren un interés, aunque sea de manera hipócrita, pero no. Aunque tal vez no entiendan tu sueño, pero que estén ahí, pero no es así. Son familiares que quieren obtener todo gratis, menospreciando tu trabajo o hasta buscando a la "competencia" en lugar de darte la oportunidad de brindar tu servicio.

Te dejo algo en claro, no quiero dinero regalado. Quiero que me den la oportunidad de intercambiar ese dinero por mi servicio, y que, si soy bueno, se me recomiende, y si soy malo, se me diga también, para ir mejorando y puliendo en lo que me dedico.

De tus amigos, ni se diga. Los tendrás contados con una mano. Todos los demás te "animarán" a que continúes con lo tuyo, pero realmente es de dientes para afuera. Existen muchas maneras de apoyar a un amigo y te darás cuenta, de quienes realmente se alegran con tus logros. Y te darás cuenta también, de quienes son aquellos que te apoyan, siempre y cuando no sobresalgas un poco mejor que ellos. Entonces ahí, se termina el apoyo.

Sentirás que ya no puedes más. A veces quieres tirar la toalla. A veces no sabes ni que pasa contigo. Te podrás sentir desorientado, perdido, sin rumbo. Sentirás dolores y rabia, por ver cómo la vida es injusta contigo, que a pesar de que le chingas un buen, no ves claro.

Al contrario, las cosas se te complican cada vez más. No puedes tener ni una pinche semana tranquila, porque si no se presenta un problema de una manera, se presenta de otra. La vida es injusta y, las puertas que a uno le cuesta bastante trabajo poder tocar, otros las tienen abiertas y con pase directo. Pero tú y yo, sabemos lo reconfortante que es el ver, ir cumpliendo nuestros sueños, ver como eso que se sembraba con tanto esfuerzo, poco a poco va dando frutos.

Quiero compartirte un poco de vida, para qué con mis experiencias, puedas, tal vez, identificarte y salir adelante. Que por más jodida que esté la cosa, siempre habrá una salida, y que, para poder ver realizados tus proyectos, vale la pena entender que hay sueños por los que vale la pena, despertar.

Aguanta un poco más, y no declines en tus sueños.

> *"El camino de la vida, no se trata de velocidad, sino de resistencia"*

¿QUIÉN ESCRIBE?

Soy una persona que puede caracterizarse por tratar de ver el lado positivo de las cosas, a veces puede ser un poco extraña la manera en que veo esas situaciones positivas, pero bueno, al final confío en que las risas nunca faltan.

No me gusta hablar mucho de títulos, reconocimientos o escenarios. Tengo la firme confianza en que nuestro trabajo, sea siempre, el que hable por nosotros. Y esto aplica en cualquier profesión, comenzando por el ser una excelente persona de calidad humana.

Soy aquella persona que tal vez en su infancia tiene recuerdos muy vagos de encuentros con la cocina. Por lo regular, yo siempre estaba jugando, o buscando qué travesura hacer con mis primos. En las vacaciones, ya sean de verano, semana Santa o invierno, eran momentos favoritos de compartir en familia. La casa de los abuelos llena de gente, con desorden por todos lados, porque a los niños les encanta jugar, y más demoraban en acomodar, que estar todo patas para arriba de nuevo. La mesa se llenaba de comida. Las risas y las anécdotas de aventuras de los mayores, no faltaban. Y que podíamos amanecer cantando, acompañándonos de una guitarra.

Quien escribe es aquella persona que guarda de una manera especial todos esos momentos con su familia.

Soy aquella persona que, conforme al ir creciendo, nunca le gustó estar quieto en un lugar. Siempre buscaba qué hacer, qué inventar y, no sólo en la cocina. Recuerdo a mi madre llamándome la atención, porque era de las personas que mezclaba todo lo que me servían en el plato y me lo comía todo junto, revuelto, con una apariencia no grata. Ellos le llamaban, "techate", que en español quiere decir, desperdicio. Ya se imaginarán como estaban esas creaciones como para que los bautizaran con ese nombre.

Soy una persona, que gusta del buen vivir. Y hago una aclaración, de que, por buen vivir, no me refiero a lujos o cosas por el estilo, ni tampoco estoy diciendo que no se disfruten. Robando una frase del libro del Principito espero dar a entender acerca de a qué me refiero, "lo esencial, es invisible a los ojos". Soy aquella persona que disfruta de los amaneceres, de los atardeceres, de la sonrisa sincera de un niño, de un chiste bien contado, de un desayuno recién hecho, de una buena infusión, de una excelente plática con un amigo o que también, disfruta de estar en completa soledad, disfrutando y abrazando, ese silencio qué a muchos, no les gusta.

Soy esa persona que gusta de bailar, de cantar, de hacer deportes extremos, de viajar, de aventurarse, de perderse, de tener un hambre de seguir aprendiendo, de conocer las dos partes (la parte turística y también la parte local), y que también, no por escribirlo a lo último, deja de ser especial, de comer.

Quien escribe, es una persona que busca aprender de otros, y qué a su vez, le encanta compartir conocimientos. Es una persona que tiene bien en claro, y entiende en una frase, que lleva en su corazón. "Consciente de que en esta vida no podré estar con todos, deseo de corazón, que con cada persona con la que conviví, en algún momento determinado, dejé HUELLAS y no CICATRICES en su vida".

Soy esa persona que sueña que, al mencionar mi nombre o pase por tu mente, algún recuerdo que compartimos juntos, sonrías bien chingón recordando ese momento.

Agradezco el que te hayas tomado el tiempo de leer estas líneas. Una disculpa si algo te llegó a molestar o causar incomodidad, fueron puestas a propósito.

Que la alegría de la vida nos permita seguir disfrutando y atesorando las cosas que consideramos importantes.

Y así es, mi estimado lector o lectora, deseo en algún momento de la vida conocerte y, de no ser posible, que este libro deje una huella en tu corazón, al menos, con una gran sonrisa.

GRACIAS.

"Consciente de que en esta vida no podré estar con todos, deseo de corazón, que con cada persona con la que conviví, en algún momento determinado, dejé HUELLAS y no CICATRICES en su vida"

Made in the USA
Columbia, SC
21 January 2023

10520469R00102